Für Jona, Luis, Toni und Leni, in der Hoffnung,
dass auch sie in Zukunft die Möglichkeit haben,
dieses kleine Moor zu erleben mitsamt seinen
einzigartigen Tier- und Pflanzenarten.

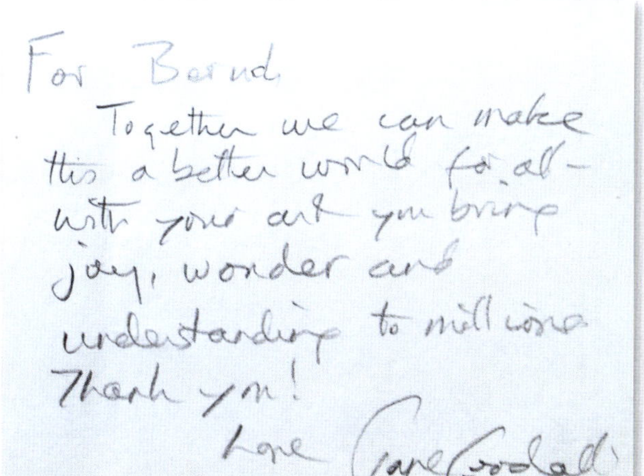

For Bernd,
Together we can make
this a better world for all –
with your art you bring
joy, wonder and
understanding to millions.
Thank you!
Love Jane Goodall

Notizbucheintrag von Jane Goodall vom 15.12.2009

Impressum

Bernd Pöppelmann
„Mein Moor"

ISBN: 978-3-949076-39-8
Erscheinungsjahr 2026
Redaktion / Konzeption: Bernd Pöppelmann
Gestaltung: Bernd Pöppelmann / Johannes Judith
Layout und Realisation: JUDITH **KOMMUNIKATIONS**DESIGN, Emsdetten
Herstellung: Druckhaus Tecklenborg GmbH & Co. KG, Steinfurt

Bernd Pöppelmann

„Mein Moor“

Streifzüge durch das Emsdettener Venn

Im Moor - *Katja Pourshirazi*, S. 20

Von Spinnen und Libellen, S. 84

Eine Brutperiode mit den drei Charaktervögeln der Moore und Feuchtwiesen, S. 52

Die Flora und Vegetation des Emsdettener Venns - *Peter Schwartze*, S. 101

Wiesenvogelschutz im Emsdettener Venn - *Cornelia Pontow*, S. 88

Inhalt

Abend im Moor, Öl. Lw., 100 x 140 cm

altes Venn 1980er Jahre, Krickenten, Tempera auf Arches Papier, 28 x 58 cm

Vorwort

Als ich vor rund 30 Jahren in der Nähe meiner Heimatstadt Kiel erstmals durch das Kaltenhofer Moor streifte, war ich fasziniert von diesem bedeutsamen Hochmoorrest. Torfmoose bilden dort Schwingrasen am Rande eines großen Moorsees, der einst durch intensiven Torfabbau entstand. Die Szenerie wird eingefasst von einem dichten Moorwald. Hier begegnete ich ganz unvermittelt einem zauberhaften Moorwesen in größerer Zahl: dem Hochmoor-Perlmuttfalter (*Boloria aquilonaris*). Es war beeindruckend, wie die orange gefärbten, oberseits mit schwarzen Wellenlinien und Punktreihen verzierten Schmetterlinge über den offenen Moorflächen hin und her flogen. An einem kleinen Besenheide-Strauch fand ich sogar zwei Exemplare bei der Paarung. Dieser besondere Moment hat sich in mein Gedächtnis gebrannt. Obwohl mich Insekten in ihrer großen Vielfalt durch mein gesamtes bisheriges Leben begleiten, sah ich den Hochmoor-Perlmuttfalter bislang kein weiteres Mal – ich war nie mehr zur richtigen Zeit am richtigen Ort. Der Schmetterling ist in Deutschland sehr selten, seine Populationen sind stark isoliert. In Schleswig-Holstein gilt er wie in vielen anderen Regionen als vom Aussterben bedroht.

Bernd Pöppelmann schildert im vorliegenden Buch auf eindringliche Weise, wie vergleichbare Erlebnisse in „seinem“ Moor, dem Emsdettener Venn, sein Leben bereichert und sein künstlerisches Schaffen beflügelt haben. Seine geflügelten Moorwesen sind in erster Linie Vögel. Seine weithin bekannten, außergewöhnlich ausdrucksstarken Bilder erwecken unter anderem Uferschnepfen, Kiebitze und Brachvögel – für ihn die prägenden Arten des Emsdettener Venns – zum Leben. Gleiches gilt für seine Texte: Er lässt uns teilhaben an einer Zeitreise durch unglaubliche 45 Jahre, in denen er immer wieder in sein Moor abgetaucht ist. Seine Schilderungen versetzen uns mitten hinein in die geräuschvollen Balzflüge der Kiebitze – oder auch einfach nur in die herbstliche Stille, in der das Moor von Braun- und Grautönen geprägt ist. Der Wandel der Jahreszeiten dominiert die Stimmungen im Moor. Auf jeder Wanderung betreten andere Protagonisten die Bühne: Krickenten, Schwarzkehlchen, Goldammern, Baumfalken oder Feldhasen. Diese Erlebnisgeschichten machen Mut. Man möchte sofort hinausgehen, sich selbst auf Entdeckungstour begeben. Doch die jahrzehntelangen Beobachtungen machen zugleich den dramatischen Verlust an Biodiversität deutlich, von dem unsere Landschaften geprägt sind. Viele Arten sind auch in diesem Moor und seinem Einzugsgebiet selten geworden oder ganz verstummt.

Was ist ein Moor? Bernd Pöppelmann gibt viele Antworten. Ein Rückzugsort für die Seele in Zeiten von Kriegen und Krisen. Ein Archiv der Naturgeschichte, gewachsen über Jahrtausende. Ein Spiegelbild unserer Kulturgeschichte bis zur vernichtenden Ausbeutung der Natur, hier durch den Torfabbau. Ein Kohlenstoffspeicher, viel bedeutsamer als Wälder – wichtig im Kampf gegen den Klimawandel und zugleich zunehmend vom Klimawandel beeinträchtigt. Ein fragiler Lebensraum für faszinierende Spezialisten aus der Tier- und Pflanzenwelt. Ein lebensechter Bildungsort für begeisterungsfähige Schulkinder ebenso wie für Erwachsene. Und ein Ort der fortwährenden künstlerischen Inspiration. All diese Perspektiven kommen in diesem Buch auch durch Zitate, die noch viel größere Zeiträume mit einem Blick in vergangene Jahrhunderte einfangen, und durch die fundierten Beiträge mehrerer Gastautorinnen und -autoren zur Sprache.

Für mich als Biologen und Naturschützer ist es zum wiederholten Mal beeindruckend zu sehen, wie sehr sich Bernd Pöppelmann hier wie in all seinen Werken für den Erhalt der Biodiversität einsetzt. Tiere waren ihm immer ganz nah, das belegen nicht zuletzt die Rückblicke auf seine besonderen persönlichen Beziehungen zu Greifvögeln. Wenn wir andere Menschen dafür gewinnen wollen, sich für die biologische Vielfalt und damit für unsere natürlichen Lebensgrundlagen einzusetzen, reicht wissenschaftliches Faktenwissen allein nicht aus. Mindestens ebenso bedeutsam ist es, Emotionen anzusprechen. Die persönlichen Geschichten in diesem Buch und insbesondere die künstlerische Ausdrucksstärke und Ästhetik der Bilder zeigen beispielgebend, wie dies gelingen kann.

Dr. Hannes Petrischak, Heinz Sielmann Stiftung, 18. November 2025

Brachvögel überfliegen das Emsdettener Venn, Mischtechnik, 30 x 30 cm

1 Die Entdeckung des Emsdettener Venns

Ein Septembermorgen nach einer Regennacht. Alles ist feucht. Ich stehe mitten in „meinem" Moor. Mit dem Fernglas suche ich die Vegetation aus Pfeifengras und Wollgras ab. Eine Fläche, die am weiten Horizont an allen vier Seiten mit Büschen und Bruchwald umgeben ist und im Dunst eine mehr oder weniger schmale graue, unregelmäßige Linie bildet. Kein Laut ist zu hören. Stille! Alles ist friedlich, weitab vom Krieg in der Ukraine und Umweltzerstörung.

Immer auf der Suche nach Motiven für die Malerei gehe ich durch das Moor. Der Boden „schmatzt" und federt unter meinen Füßen. Ein winziger Frosch springt vor mir in die Vegetation. Auf der rechten Seite öffnet sich die Wasserfläche eines Torfstichs. Am Rand kleine Birkenpflänzchen, Blätter, die den Beginn der herbstlichen Verfärbung anzeigen. Braunes Wollgras auf kleinen Inseln, erhöht über dem Wasser, weil der Wasserspiegel im Sommer stark gesunken ist. Abgestorbene Wurzelreste ragen heraus, wie winkende Hände. Der Phantasie sind keine Grenzen gesetzt. Schnell eine kleine Skizze als Erinnerungsstütze und ein Foto mit dem Handy. Manches soll später malerisch im Atelier umgesetzt werden. Nach und nach wurde mir bewusst, wie vielfältig strukturiert dieses kleine Moor ist, das „*Emsdettener Venn*".

2015 hatte eine Filmcrew dieses kleine Stück Erde nach langwieriger Suche entdeckt. Für den Film „Paula" (Paula Modersohn-Becker) sollte die damalige Situation im Teufelsmoor bei Bremen im Emsdettener Venn als Filmkulisse nachgestellt werden. Dafür karrten die Requisiteure eine Menge Equipment aus verschiedenen Museen heran. Torfplaggen aus dem Teufelsmoor, Spaten und andere Utensilien und sogar den Nachbau einer Hütte. Nachdem die Filmcrew mehrere Moore in Norddeutschland aufgesucht hatte, wählte sie das Emsdettener Venn aus, weil es naturbelassener und ursprünglicher schien als das Teufelsmoor und andere Moore.

Für damalige Menschen war Moor eine monotone, bis zum Horizont reichende Weite einer Urlandschaft, unwegsame Wildnis, ein Ort geheimnisvoller Kräfte und Gestalten. Wer kennt nicht das bekannteste Gedicht von Annette von Droste-Hülshoff: „Der Knabe im Moor"? Man erzählte sich Gruselgeschichten, die nicht nur bei Kindern Ängste auslösten.

Heute werden Moore als Rückzugs- und Lebensräume für gefährdete Tier- und Pflanzenarten und deren Lebensgemeinschaften angesehen. Es sind Reste einer naturnahen Landschaft. Flora und Fauna der Moore sind vergleichsweise artenarm, jedoch hochspezialisiert. Für mich liegt die Faszination gerade in diesen Extremen.

Moore im Emsland zogen mich schon immer unwiderstehlich an. Die Weite mit Pfeifengras, Bulten und feuchten Schlenken, dazwischen mit Wasser gefüllte Torfstiche, und im Frühsommer bis zum Horizont reichende Wollgrasfelder mit weißlichen Fruchtständen. Wollschöpfe, wie ein Blütenmeer. Dazu im Herbst Nebelstimmungen und vor allem die einzigartige Tierwelt. Namen, wie Himmelsziege, Ziegenmelker, Raubwürger und Neuntöter, zeugen vom Einfallsreichtum der damaligen Namensgeber.

Himmelsziege nannte man beispielsweise die Bekassine, ein kleiner Schnepfenvogel. Beim Balzflug wird durch die abgespreizten äußeren Schwanzfedern durch Vibration ein meckerndes Geräusch erzeugt. Der Raubwürger und der Neuntöter sind Singvögel, etwa amselgroß, die ihre Beute, wie Käfer und Mäuse, auf Dornen spießen, um sie besser verspeisen zu können. Und der Ziegenmelker ist eine durch das Gefieder getarnte

Nachtschwalbe. Schon die Griechen berichteten, dass der zwielichtig aussehende Vogel nachts den Ziegen die Milch stiehlt, weil der Vogel dabei beobachtet wurde, wie er in der Nähe von Schafen und Ziegen segelnd nach Insekten jagt.

Mitte der 1970er Jahre machte ich dann nach dem Umzug nach Emsdetten die Bekanntschaft mit dem Emsdettener Venn. Hier fand ich die gleichen Tier- und Pflanzengesellschaften vor. Diese waren aber auf viel kürzerem Weg zu erreichen, weil das Venn wohnungsnah gelegen ist. Das ermöglicht mehr Zeit für intensive Beobachtungen. Außerdem weiß man nach regelmäßigen Besuchen über das Jahr hinweg, wo man etwas zu der entsprechenden Jahreszeit finden kann. Da das Emsdettener Venn im Vergleich zu norddeutschen Mooren von der flächigen Dimension überschaubar ist, fördert dies die Vertrautheit mit allen Winkeln und Facetten des Gebietes.

Das Venn ist eine kleine Hochmoorfläche mit Bruchwald ringsherum und angrenzenden Feuchtwiesen. Man blickte damals auf eine Landschaft von atemberaubender Schönheit. Die mit Wasser gefüllten Torfkuhlen waren teilweise auch im zentralen Bereich noch umgeben von dichtem Baumbestand. Diese Kulisse strahlte vor allem bei Nebel im Herbst eine malerische Attraktivitätv aus.

Jahrhundertelang war in den Mooren Torf gestochen worden. Anfangs erfolgte die wirtschaftliche Nutzung des Venns, indem die Bauern die fossile Erde als Brennmaterial nutzten oder als Streu in die Viehställe einbrachten, um sie anschließend als Dünger für die Felder zu gebrauchen. Das ehemals intakte Hochmoor wandelte sich mehr und mehr zu einer aus Torfgruben bestehenden Landschaft. Durch die zu Beginn des 20. Jahrhunderts erfolgte planmäßige Kultivierung entstand ein rechtwinkelig verlaufendes Wegenetz. Dieses Wegenetz wurde hauptsächlich während des Ersten Weltkrieges durch russische Kriegsgefangene gebaut, wie ich den Tafeln auf dem Lehrpfad entnehmen konnte. Traurige Berühmtheit erlangten die „Moorsoldaten" im Emsland. Während des NS-Regimes schufteten vor allem politische Gegner u.a. im Konzentrationslager Bürgermoor bei Papenburg im Emsland. Hier wurde 1933 das Lied der Moorsoldaten bekannt, ein Zeugnis des Widerstandes gegen den Nationalsozialismus.

1941 wurde das Emsdettener Venn unter Naturschutz gestellt. Nach dem 2. Weltkrieg ging der Torfabbau jedoch wegen Brennstoffmangels trotz Unterschutzstellung weiter.

Der 80jährige Bernd Breulmann aus Emsdetten erinnert sich: *„Das Venn wurde aufgeteilt an Bauern, die größere Teile bekamen, aber auch an Familien wurden kleinere Parzellen von der Stadt vergeben. Ganze Familien durften im Venn nach dem Krieg Torf stechen. Wer allerdings ohne Genehmigung die fossile Erde stach, wurde hart bestraft.*

Nach der Schule wurde der spezielle, rasierklingenscharfe Spaten aus Großvaters Hütte geholt und nebst einem Bollerwagen ins Venn gezogen. Die Erwachsenen stachen die dunkle Erde aus vermoderten Pflanzen in Stücke. Das war Knochenarbeit. Eine Reihe nach der anderen wurde mit dem Spaten abgestochen. An der Stechkante etwa 70 cm tief, bis sich Wasser in der Kuhle ansammelte. In dieses kühlende Wasser wurde Rharbarbersaft für die Pausen hineingestellt.

Die Kinder reihten die abgestochenen Stücke auf der Erde auf, damit sie im Wind trocknen konnten. Wenn der Torf dann fast trocken war, wurde er zu Diemen aufgeschichtet. Im Herbst brachte man die Stücke mit dem Bollerwagen nach Hause. In den verbliebenen Diemen hielten sich im Winter oft Kaninchen auf. Die Kinder holten diese aus den Verstecken und brachten sie nach Hause, wo sie geschlachtet und verzehrt wurden. So wurden die Mahlzeiten gelegentlich verbessert.

Der Torf war nötig, um die Wohnung warm zu halten. Zunächst wurde das Holz von Apfelsinenkisten klein gemacht, mit Zeitung umwickelt und angezündet. Anschließend wurde ein trockenes Stück in den Herd gelegt. Das glühte langsam weg und hielt manchmal den ganzen Tag. Es wurde nur die gute Stube beheizt. Wenn gekocht wurde, kamen Kohlen darauf, und wenn es draußen stark fror, kamen noch 2 Briketts hinzu. Torf wurde als Brennstoff auch verwendet, wenn Kartoffeln, Kartoffelschalen und Essensreste für die Schweine gekocht wurden.“

Breulmann erzählt weiter, dass in 35 x 35 cm große Stücke Torf eine Mulde ausgehöhlt und aufgehängt wurde, damit die Tauben darin brüten konnten. Das Material gab ja zusätzliche Wärme ab.

„Als später andere Öfen angeschafft wurden, wurde das Heizen mit Torf eingestellt. Dieses Material nahm man nun zum Düngen. Die Bauern haben auf größeren Flächen des Moores in größerem Maße gestochen und hatten oft die Scheunen voll.“

Zur Erntezeit kam damals der Bauer in die Schule, um Erntehelfer beim Kartoffelsuchen zu bekommen. Breulmann erinnert sich, für jeden Nachmittag 2,50 DM bekommen zu haben.

Die Zerstörung nahm ein Ausmaß an, welches das Moor in Gänze vernichtet hätte, wenn es nicht am 15.3.1968 durch eine Verordnung des Regierungspräsidenten Münster wegen seiner landschaftlichen Schönheit und Eigenart sowie aus wissenschaftlichen Gründen erneut unter Schutz gestellt worden wäre. Die Verordnung wies eine Fläche von nur 92 ha aus. Im Jahre 1983 wurde das geschützte Gebiet auf 182 ha vergrößert und erstmalig erfolgte ein generelles Verbot des Torfstichs. Mit umliegendem Bruchwald und östlichen Feuchtwiesen umfasst die Größe 340 ha. Zusammen mit den Wiesen am Max-Clemens-Kanal ist das FFH-Gebiet Emsdettener Venn etwa 500 ha groß. Ich erlebte die Veränderung der Landschaft im Zuge der Renaturierungsarbeiten der 1980er Jahre. Man machte sich an die Arbeit, um dem Moor seine ursprüngliche Aufgabe wiederzugeben. Die Flächen wurden von Birken befreit und der Bewuchs entfernt. Staue wurden erhöht, um das Wasser im Venn zu halten. Die verbliebenen Hochmoorreste sollten erhalten bleiben und durch geeignete Maßnahmen wieder entwickelt werden. Aus den Torfkuhlen ragten noch jahrelang dünne, hohe, abgestorbene Baumstümpfe aus dem Wasser, überaus gespenstisch anzusehen.

Torf, Bleistiftzeichnung, 24 x 38 cm

Aufbau der Moorkate, Foto: Ludwig Klasing, 22.09.2025

Foto: Breulmann

Nach diesen Arbeiten war die überschaubare Moorfläche für mich ziemlich langweilig geworden. Mit Wehmut dachte ich an die Landschaft, die ich anfangs entdeckt hatte. Wunderbare Baumkulissen verlangten nach malerischer Umsetzung, aber jetzt waren sie nicht mehr da und ich musste mich mit dem begnügen, was noch vorhanden war. Erst im Laufe der Zeit nahm ich wahr, dass die Fläche, über die man jetzt weit schauen konnte, ebenso reizvoll sein konnte. Ansprechend sind die Unterbrechungen der Landschaft mit Torfstichen, die einen schwarzblauen Kontrast zur Vegetation, die je nach Lichtverhältnissen mal grün, mal braun oder grau schimmerte, darstellen. Malerisch interessierten mich auch die facettenreichen Unebenheiten der Bulten und Schlenken.

Zudem änderte sich alljährlich das Gesicht des Moores. Der gleiche Standort sah im nächsten Jahr ganz anders aus. So wuchs das Verlangen, dieses Gebiet malerisch über mehrere Jahrzehnte zu begleiten. Von manchen Standorten wurden immer wieder Studien gemacht, wovon einige im Atelier als Gemälde ausgeführt wurden. Besonders die Tierwelt hat es mir angetan, das mag damit zusammenhängen, dass ich Zeit meines Lebens wilde Tiere um mich hatte.

In den 1980er Jahren erfuhr ich von der damaligen Künstlerkolonie in Worpswede. Namen, wie Modersohn, Overbeck, Mackensen, prägten sich ein. Seither hielten zahlreiche Bücher über diese Maler Einzug in meinen Bücherschrank. Immer wieder großartige Wolkenformationen, die mich begeisterten, manchmal düstere Stimmungen, Menschen und ihre Hütten im Moor, eine Malerei, die möglicherweise für mich prägend war. Auf jeden Fall fühlte ich mich ihren Werken verbunden.

Brachvogel über dem Venn, Öl Lw., 40 x 50 cm

„Im Venn" Bleistiftzeichnung

Im Moor, Öl, 100 x 150 cm

2 Im Moor - Katja Pourshirazi

Seit 1889 fühlten sich immer mehr Maler und Malerinnen von der Moorlandschaft rings um Worpswede angezogen. Draußen, unter freiem Himmel, malten sie das Teufelsmoor in all seinen Facetten und zu allen Tages- und Jahreszeiten. Auch in den Landschaftsgemälden von Fritz und Hermine Overbeck ist es allgegenwärtig, ein Motiv von karger und doch bestechender Schönheit: wenige Farben, diese wenigen aber in tausend Nuancen aufgefächert – einzelne Bäume vor einem endlos weiten Horizont – ein hoher Himmel mit ständig wechselnden Wolken – und nicht zuletzt das dunkle Wasser der Moorkanäle, die den Himmel und die Birkenstämme spiegeln.

„*Die Moorbewohner aller Zeiten kannten das stille Wasser, die unendlichen Stimmungen der Wolken. Sie lebten inmitten von Spiegelungen*", schreibt die Schriftstellerin Annie Proulx. Diese herbe und doch poetische Schönheit der Landschaft war es, die Ende des 19. Jahrhunderts die ersten Maler, und unter ihnen auch Fritz Overbeck, nach Worpswede lockte, um eine der bis heute bekanntesten Künstlerkolonien Europas zu gründen. Die Maler und bald auch Malerinnen Worpswedes spiegelten schon bald eben jene Spiegelungen der Moorkanäle noch einmal selbst und auf immer neue Weise: in ihren Gemälden.

„*Moor – Ein Versuch, nichts zu erzählen*", so heißt ein schmaler Band mit Naturbetrachtungen aus dem Moor von Helmut Salzinger. Der Titel passt zur Kargheit der

Abend am Moorkanal - Fritz Overbeck

Moorlandschaft, die sich auf den ersten Blick vor allem durch Abwesenheiten auszuzeichnen scheint: keine Berge, kein Meer, kaum Bäume, kaum Blumen. Nicht die Art von Landschaft, die wir als bevorzugtes Urlaubsziel auswählen würden. *„Es ist nichts, aber wenigstens ist es wirklich“*, diesen Satz stellt Salzinger seinem Buch über das Moor als Motto voran. Um dieses „wirkliche Nichts“ zu begreifen, geht er ins Moor und beschreibt, was er dort erlebt: *„Ich frage mich, was ich hier eigentlich mache. Ich weiß es nicht. Aber das ist es ja gerade. Ich mache nichts. Machen kann ich hier gar nichts, und genau das zu tun, ist ja auch meine Absicht. Ich will hier nichts machen oder kaputtmachen, sondern will hier bloß sein. Gehen und schauen.“*

Ich will aber doch, anders als Helmut Salzinger, den Versuch machen, Ihnen etwas über das Moor zu erzählen. Denn es ist nicht nichts, und was wir Kargheit nennen, ist nicht die Abwesenheit von etwas, sondern unsere eigene Blindheit. Für das Moor müssen wir, vielleicht mehr als für jede andere Landschaft, erst einmal sehen lernen. Tastend und neugierig, so wie ein Kind, das Laufen lernt, seine ersten Schritte macht. Aber keine Angst: Das Moor sehen zu lernen, ist gar nicht so schwer, vor allem weil uns die Bilder von Bernd Pöppelmann ganz wunderbar dabei helfen.

Fast jeder hat sofort ein Bild im Kopf, wenn er das Wort „Moor“ hört – bestimmte Farben, Pflanzen oder Tiere, vielleicht auch Geräusche oder Gerüche, und immer ist dieses Bild vor allem von Natur, aber auch von den Eingriffen des Menschen geprägt. *„Wenn man vom Dorfe aus das Moor besucht, so bleibt nur allmählich das angebaute Land zurück und nimmt die Gegend jenen ernsten, düsteren Charakter an. Hier und da liegt als heller Fleck noch ein Feld mit Buchweizen innerhalb der braun-violetten Heidetöne eingebettet, schließlich gibts auch das nicht mehr. Bis an den Horizont, wo die blauen Hügel der Geest ansteigen, dehnt sich weithin das Moor, schnurgerade durchschnitten von Kanälen und Fahrdämmen, die wiederum rechtwinklig von anderen gekreuzt werden. In gleichen Abständen am Wege stehen bleiche Birken, deren Stämme, den herrschenden Nordostwinden nachgebend, schräg ansteigen. Doch ob es gleich einsam ist im weiten Umkreise, so verlassen uns doch nicht die Spuren menschlicher Thätigkeit. Aber ein freundliches Bild bieten sie hier nicht. Wir treffen auf Bezirke, wo metertief der Boden ausgehoben ist und der Torf, in langen Reihen zu regelmäßigen Pyramiden oder Kegeln geschichtet, an Luft und Sonne trocknet. Dazwischen liegen verstreut, weißschimmernd wie Totengebeine, Baumstümpfe mit groteskem Wurzelgeflecht, die Reste vormaliger Wälder, jetzt nach Tausenden von Jahren bestimmt, das Feuer des Torfbauern zu unterhalten.“*

So schreibt Fritz Overbeck in seinem zur Veröffentlichung bestimmten „Brief aus Worpswede“ aus dem Jahr 1895. Es ist die poetische und doch präzise Beschreibung des Teufelsmoores bei Worpswede zu einer Zeit, als der mühsam per Hand gestochene Torf für viele Menschen noch lebensnotwendiges Heizmaterial war. Schon damals zeigte sich das Moor als eine seltsam ambivalente Symbiose aus natürlichem Wachstum und menschlichem Handeln, eine Symbiose, die Schönheit und Zerstörung gleichermaßen hervorbrachte. Der Torf ist das Erkennungsmerkmal eines jeden Moores. Moore sind Landflächen mit einer Torfschicht – das ist die einfachste und kürzeste Definition dieser Landschaftsform. Der Torf erzählt zugleich die Geschichte des Landes. Er ist Ausdruck dessen, was Robert Macfarlane die „Wesensgleichheit von Geografie und Geschichte“ nennt: Der Boden unter unseren Füßen erzählt uns, was früher war, was heute ist, und vielleicht auch, was einmal sein wird.

Unsere heutigen Moore begannen zu wachsen, als sich vor etwa 12.000 Jahren die Gletscher der letzten Eiszeit zurückzogen.

Abgestorbenes Pflanzenmaterial formte sich durch den Druck der darüberliegenden Erdschichten zu Torf – sehr, sehr langsam. Im Durchschnitt wächst die Torfschicht eines Moores um etwa einen Millimeter pro Jahr in die Höhe. Da man erst dann von Moorboden spricht, wenn die Torfschicht mindestens 30 Zentimeter beträgt, braucht es also mindestens 300 Jahre, bevor überhaupt ansatzweise ein Moorboden entstanden ist. Eine drei Meter hohe Torfschicht – keine Seltenheit in unseren Breitengeraden – bildet sich dementsprechend in 3.000 Jahren. Solcherlei Zahlen liefern uns wissenschaftliche Präzision, sie sind wichtig und notwendig – und sagen doch wenig aus. Wir können zwar in Geschichtsbüchern nachlesen, was vor 3.000 Jahren und was vor 12.000 Jahren geschah, um diese Zeiträume einzuordnen, aber der Erfahrungshorizont unseres eigenen kurzen Lebens reicht an diese Zeitspannen nicht annähernd heran, deshalb kann unser Verstand nichts damit anfangen. Wir brauchen Bilder und Metaphern, um sie zu verstehen.

Bei dem Dichter Rainer Maria Rilke klingt die Entstehung des Teufelsmoores so: *„Es ist ein seltsames Land. Wenn man auf dem kleinen Sandberg von Worpswede steht, kann man es ringsum ausgebreitet sehen, ähnlich jenen Bauerntüchern, die auf dunklem Grund Ecken tief leuchtender Blumen zeigen. Flach liegt es da, fast ohne Falte, und die Wege und Wasserläufe führen weit in den Horizont hinein. Dort beginnt ein Himmel von unbeschreiblicher Veränderlichkeit und Größe. Er spiegelt sich in jedem Blatt. Alle Dinge scheinen sich mit ihm zu beschäftigen; er ist überall. Und überall ist das Meer. Das Meer, das nicht mehr ist, das einmal vor Jahrtausenden hier stieg und fiel und dessen Düne der Sandberg war, auf dem Worpswede liegt. Die Dinge können es nicht vergessen. Das große Rauschen, das die alten Föhren des Berges erfüllt, scheint sein Rauschen zu sein, und der Wind, der breite, mächtige Wind bringt seinen Duft. Das Meer ist die Historie dieses Landes. Es hat kaum eine andere Vergangenheit.*

Einst, als das Meer zurücktrat, da begann es sich zu formen. Pflanzen, die wir nicht kennen, erhoben sich, und es war ein rasches und hastiges Wachsen in dem fetten, faltigen Schlamm. Aber das Meer, als ob es sich nicht trennen könnte, kam immer wieder mit seinen äußersten Wassern in die verlassenen Gebiete und endlich blieben schwarze schwankende Sümpfe zurück, voll von feuchtem Getier und langsam vermodernder Fruchtbarkeit. So lagen die Flächen allein, ganz mit sich beschäftigt, jahrhundertelang. Das Moor bildete sich. Und endlich begann es sich an einzelnen Stellen zu schließen, leise, wie eine Wunde sich schließt.“

Diese Zeilen sind in keiner Weise wissenschaftlich oder präzise, aber sie geben uns ein Bild: Das Moor bildet sich so, wie sich eine Wunde schließt. Ein Prozess, der sich nicht beschleunigen lässt und der jedes Mal aufs Neue wie ein Wunder erscheint. Ein Heilungsprozess, leise, langsam und unbemerkt, aber lebensnotwendig. Es ist der Mensch, der diese Wunde nach Hunderten und Tausenden von Jahren wieder aufgerissen hat – durch die Bewirtschaftung des Landes. Durch Torfstich, Ackerbau und Viehwirtschaft, durch Besiedelung und das Anlegen von Kanälen, Wegen, Straßen und Bahngleisen. Die Spuren, die der Mensch hinterlässt, existieren vielleicht noch nicht sehr lange – was sind schon 250 Jahre Moorkolonialisierung gegen die Jahrtausende, in denen das Moor entstanden ist? – aber sie sind gravierend. Wie leicht durchdringt ein Spaten, geschweige denn eine motorbetriebene Maschine die jahrtausendealten Schichten. Wie schnell ist der Torf selbst auf großen Flächen um mehrere Meter abgetragen. Und wir haben keine 3.000 und erst recht keine 12.000 Jahre Zeit, darauf zu warten, dass sich das Moor neu bildet. Die Spuren, die der Mensch im Moor hinterlassen hat und bis heute immer weiter hinterlässt, sind – man muss es leider so sagen – unumkehrbar. Ein Moor ganz ohne Spuren und Eingriffe des Menschen haben wir alle noch nie gesehen. Wir wissen also gar nicht, wie ein Moor aussieht, das reine Natur ist. Deshalb sehen wir, wenn wir das Wort „Moor“ hören, vor unserem inneren Auge vor allem das, was der Mensch aus dem Moor gemacht hat. Viel zu selten sehen wir das Moor als das, was es ist: ein Lebensraum, ein Ort des Wachstums und der Evolution. Etwas, das nicht für uns, sondern eher trotz uns existiert. Moor bedeutet Leben.

In einer einzigen Torfmoospflanze leben geschätzte 30.000 Kleinstlebewesen. Wenn man realistischerweise davon ausgeht, dass auf einem Quadratmeter Moorboden bis zu 50.000 Torfmoospflanzen wachsen, dann summiert sich das auf unvorstellbare 1,5 Milliarden Lebewesen pro Quadratmeter. Auch wenn die meisten davon zu klein sind, als dass wir sie mit bloßem Auge erkennen könnten: Ihre Existenz hält das Ökosystem Moor im Gleichgewicht. Sie ernähren Insekten, Pflanzen und Vögel, die sich auf diesen Lebensraum spezialisiert haben. Sie bringen Wachstum hervor und jenes Absterben, das für die Entstehung von neuem Leben notwendig ist. Jeder noch so kleine Eingriff des Menschen verändert das unendlich fein abgestimmte Zusammenspiel von Flora und Fauna und bringt damit das gesamte Gleichgewicht ins Wanken. Das müssen wir sehen lernen, wenn wir ins Moor gehen. Und wir müssen zugeben lernen, dass wir so vieles – und oft das Wichtigste – gar nicht sehen können. Das heißt nicht, dass es nicht da ist. Es heißt nur, dass unsere menschlichen Sinne und Wahrnehmungsmuster einfach nicht fein genug dafür sind. Es ist nicht die Kargheit der Landschaft, die uns im Moor begegnet. Es ist unser eigenes Unvermögen.

Eigentlich ist es gar nicht zulässig, so grob vereinfachend vom „Moor“ zu sprechen. Jedes Moor ist ein Individuum, unverwechselbar und einzigartig. Ob in Deutschland, Kanada oder Russland, ob in Irland oder Patagonien, in Indonesien oder in der Demokratischen Republik Kongo – und überall dort gibt es Moore – Moore sind mit ihrer Vegetation an die jeweiligen regionalen Gegebenheiten angepasst, an das spezifische Verhältnis von Licht, Wärme und Feuchtigkeit, an die Dauer von Jahreszeiten, Tageslicht und Niederschlägen. So bildet jedes Moor ein eigenes Gleichgewicht aus, Tierpopulationen und Pflanzenarten in fein austarierten Verhältnissen. Schrumpfen die Moorflächen oder verändern sich, sind ganze Arten bedroht oder sterben aus, weil sie nur in diesem einen, besonderen Habitat existieren können.

Moore bedecken nur 4% der Landfläche weltweit, verschwindend wenig also, und doch sind in diesen wenigen Flächen zwischen 450 und 650 Gigatonnen Kohlenstoff gespeichert – so ganz genau weiß man das noch gar nicht. Was man weiß: Das ist doppelt so viel wie in allen Wäldern der Erde zusammengenommen. Die vergleichsweise kleinen Moore erweisen uns unfassbar große Dienste: Sie binden gigantische Mengen an Kohlenstoff und kühlen die Umgebungstemperatur herunter. Sie verlangsamen dadurch die Erderwärmung und sind aus diesem Grund ein wichtiger Baustein im Kampf gegen den Klimawandel. Sie nehmen sehr schnell Feuchtigkeit auf, wie ein Schwamm, und geben sie nach Bedarf ganz langsam wieder ab. Sie schützen das Land damit gleichermaßen vor Überschwemmungen wie vor Dürre. Ein intaktes Moor vermag vieles auszugleichen, was wir Menschen ins Ungleichgewicht bringen. Immer mehr Moore werden deshalb unter Schutz gestellt.

Ein zu wohliges Gefühl sollte uns das aber nicht geben: Die Mehrzahl der Moorflächen weltweit wird auch heute noch bewirtschaftet, um daraus Profit zu schlagen. Es ist leicht, das zu verurteilen, aber unser moralisches Dilemma reicht tief, wenn zum Beispiel westliche Umweltinitiativen der Demokratischen Republik Kongo verbieten möchten, ihre 17 Millionen Hektar Moorwälder teilweise abzuholzen, um sie wirtschaftlich zu nutzen. Mit welchem Recht, fragt die Moorforscherin Franziska Tanneberger, dürfen *„reiche Länder, deren Wohlstand auf dem verschwenderischen Verbrauch fossiler Brennstoffe basiert, nun im Interesse des Klimaschutzes darauf drängen, dass andere, ärmere Länder auf die Wertschöpfung aus eigenen fossilen Rohstoffen verzichten?"* Das Anliegen mag ehrenwert sein, der erhobene Zeigefinger steht uns trotzdem nicht zu. Der *„Entwässerungsweltmeister Europa [ist] vor allem ein Beispiel dafür, wie man mit Mooren besser nicht umgehen sollte"*, schreibt Tanneberger. Unsere heutigen Schutzprogramme können wir uns leisten, weil wir den Reichtum unserer Moore in der Vergangenheit bereits abgeschöpft haben – ohne Rücksicht auf Verluste. Nun wusste man im 19. Jahrhundert noch nichts von den weitreichenden Folgen, die eine Trockenlegung der Moore auf das globale Ökosystem hat. Als im 17. Jahrhundert die ersten systematischen Entwässerungsgräben gezogen wurden, als es ab dem 18. Jahrhundert die ersten Siedlungen von Torfbauern in den Mooren gab, und als im 19. Jahrhundert der massenhaft betriebene Torfstich den Brennstoff lieferte für die Industrialisierung, die wiederum wachsenden Wohlstand und Komfort für viele – wenn auch nicht für alle – mit sich brachte, da galt das alles noch als ein überwältigender technischer und gesellschaftlicher Fortschritt. Etwas, worauf man stolz sein konnte. Durch die sogenannte „Urbarmachung" der Moore wollte der Staat für seine stetig wachsende Bevölkerung neues Land gewinnen, ohne dafür Kriege führen zu müssen. Ein eigentlich hehres Ziel. *„Es entsprach dem Zeitgeist, die Natur den Bedürfnissen des Menschen anzupassen statt andersherum"*, stellt Tanneberger klar. Die Natur galt damals als unendlich groß und dem Menschen überlegen; man ging davon aus, sich gegen die Natur verteidigen und vor ihr schützen zu müssen. Dass umgekehrt die Natur schützenswert und dem Menschen sogar unterlegen sein könnte, lag zu jener Zeit nicht im Bereich des Vorstellbaren. Selbstverständlich gab es auch damals schon Forschung. Schon 1891 gab es eine wissenschaftliche Studie, die beschreibt, wie viel CO2 aus entwässerten Mooren entweicht. Allerdings wusste man noch nichts darüber, wie sich dieses CO2 anschließend in der Atmosphäre verhält und auf welche Weise und ab welcher kritischen Menge es zur globalen Erderwärmung beiträgt. Es war also kein Wissen, das dazu geführt hätte, das eigene Handeln kritisch in Frage zu stellen. Aber das tut unser heutiges Wissen ja oft genug auch nicht. Anders ist es nicht zu erklären, dass rings um Worpswede auch heute noch in großem Stil Torf abgebaut wird. Auf einer Fläche von weit über 2.000 Hektar wird eine 6 Meter dicke Torfschicht (wir rechnen kurz: Entstehungsdauer 6.000 Jahre!) bis auf 2 Meter abgetragen. Gewonnen wird Torf, der heute natürlich nicht mehr zum Heizen verwendet wird, der aber als Torfmull im Gartenbau umso reißenderen Absatz findet.

Die malerische Landschaft rings um Worpswede ist auch heute nicht nur ein beliebtes Reiseziel und Inspiration für zahlreiche Künstlerinnen und Künstler – sie ist nach wie vor eine intensiv genutzte Wirtschaftslandschaft. Anders als früher ist heute allerdings der Umweltschutz fester Bestandteil des Torfabbaus, der dadurch strengen Regelungen und Kontrollen unterliegt. Die letzten zwei Meter der Torfschicht müssen stehenbleiben; sie sollen die Grundlage bilden für eine Renaturierung des Moores. Wirtschaftlich genutzte und unter Naturschutz stehende Flächen liegen also direkt nebeneinander. Die Kettenfahrzeuge dürfen noch fahren und die Bagger noch schaufeln, aber wenige Kilometer weiter dürfen schon ungestört die Kraniche rasten. Eine eigentümliche Kompromisslösung zwischen Ökonomie und Ökologie.

Die Moorforscherin Franziska Tanneberger redet nicht lange um den heißen Brei herum. Sie schreibt: *„Der Zustand der Moore in Deutschland ist seit gut vierzig Jahren* *weitgehend gleich schlecht. [...] 94% der Moore sind zurzeit entwässert.*" Es gibt also kaum noch intakte Moore in Deutschland, Naturschutz hin oder her. Die Wiedervernässung möglichst vieler bereits trockengelegter Moore muss deshalb der nächste Schritt sein. Der so oft gebrauchte Begriff der „Renaturierung" ist hier trotzdem fehl am Platze, denn, wie Tanneberger zu Recht betont: *„Menschen können keine Natur schaffen. Wiedervernässte Moore unterscheiden sich stark von Mooren in einem naturnahen Zustand. Natur ist etwas Spontanes, Menschen erschaffen Kultur.*" Auch wiedervernässte und geschützte Moore, die nicht oder nicht mehr wirtschaftlich genutzt werden, bleiben also eine Kulturlandschaft. Die Natur kann sich im besten Fall erholen, nahezu ausgestorbene Arten können sich wieder ansiedeln, aber der Eingriff des Menschen in die Natur bleibt unumkehrbar. Und nicht nur das: Der Mensch hat die Natur schon so stark beeinflusst, dass er sich jetzt nicht einfach aus ihr zurückziehen kann. Nicht nur fällt es uns schwer, die einmal genutzten Flächen wieder aufzugeben – *„es funktioniert auch ökologisch nicht*", wie Tanneberger schreibt. *„Der Mensch hat an so vielen Stellen in die Kreisläufe eingegriffen, dass diese dauerhaft verändert sind.*" Viele Tier- und Pflanzenarten können deshalb gar nicht mehr allein überleben und brauchen auch nach der Wiedervernässung der Moore unsere kontinuierliche Pflege. Die komplexe Symbiose aus Mensch und Natur, zu der das Moor durch unser Handeln geworden ist, lässt sich nicht so einfach wieder auflösen. Wir stehen jetzt - und zwar langfristig – in der Pflicht.

Was sollen wir tun? Wir müssen handeln, keine Frage. Aber damit wir maßvoll und gut handeln können, müssen wir erst einmal verstehen. Und bevor wir verstehen können, müssen wir sehen lernen. *„Der moderne Mensch hat verlernt, den Boden, auf dem er steht, zu beachten.*" Mit diesem Fazit hat die Schriftstellerin Annie Proulx leider recht. Wie oft wissen wir überhaupt noch, auf welchem Boden wir gehen und stehen? Würden wir überhaupt merken, wenn sich dieser Boden langsam verändert? Wenn er trockener wird, wenn er weniger Tier- und Pflanzenarten eine Heimat bietet? Um das zu bemerken, bräuchten wir eine erhöhte Aufmerksamkeit für das Kleine und beinahe Unsichtbare, eine Verlangsamung und Kontinuität unserer Wahrnehmung, die in unserem hektischen Alltag oft gar nicht mehr vorgesehen ist. Häufige Ortswechsel und kurze Aufmerksamkeitspannen, Schnelligkeit und Effizienzdenken führen zwar zu wirtschaftlicher Gewinnmaximierung, aber auch zu dramatischem Erkenntnisverlust. *„Unsere Spezies ist unfähig, einen sich langsam vollziehenden, subtilen Wandel zu erkennen*", schreibt Annie Proulx. *„Wir leben im Augenblick. [...] Wir erkennen die Metamorphosen der Natur nicht, weil wir uns von ihr gelöst haben. [...] Um allmähliche Veränderungen zu erkennen, muss man bestimmte Regionen Woche für Woche, Jahr für Jahr, immer wieder aufsuchen, Wachstum, Blüte und Verwesung aufzeichnen, die örtliche Tierwelt beobachten, das Steigen und Fallen des Wasserstands zur Kenntnis nehmen und genau hinschauen – so wie früher alle Menschen gelebt haben.*"

Und genau das ist es, was der Maler Bernd Pöppelmann mit seinen Gemälden vom Emsdettener Venn tut: Er begleitet ein vergleichsweise kleines, nur rund 500 Hektar großes Stück Moorland, in dessen Nähe er wohnt, über mehrere Jahrzehnte hinweg mit seiner Aufmerksamkeit. Er porträtiert die Tier- und Pflanzenwelt in Ölgemälden und Skizzenbüchern, hält das Licht und die Farben zu den verschiedenen Tages- und Jahreszeiten fest. Immer wieder. Immer neu, immer anders. Aber er ist nicht einfach nur empfänglich für die Schönheit der Natur. Er sieht über Jahre hinweg die Bäume wachsen und die Vögel ihre Jungen aufziehen. Er sieht den Wasserpegel steigen und fallen und beobachtet, welche Pflanzen sich angesiedelt haben. Mit seinem bemerkenswerten botanischen und ornithologischen Wissen ist er in der Lage, all die kleinen, wichtigen Details der Natur in seinen Bildern realitätsgetreu wiederzugeben. Wir können und dürfen die stimmungsvolle Schönheit seiner Werke genießen, aber wir lernen in ihnen auch, wie diese Pflanzen- oder jene Vogelart, die längst selten und für uns beinahe unsichtbar geworden ist, tatsächlich aussieht.

Bernd Pöppelmanns atemberaubend feine, naturalistische Malerei zeigt uns das Moor als ein großes Ganzes: als Lebensraum, als Lichtstimmung, als Boden unter unseren Füßen. Aber dieses Ganze existiert nur durch jeden einzelnen Halm, jedes Blatt, jeden Tropfen Wasser, jeden Vogel und jedes Insekt, das in ihm lebt. Bernd Pöppelmann widmet sich deshalb mit nie nachlassender Aufmerksamkeit genau diesen Einzelheiten: jedem Halm, jedem Blatt, jedem Vogel und jedem Insekt, um in unendlicher Geduld und Demut vielschichtige Kunstwerke zu erschaffen, die das große Ganze, das Moor, sichtbar werden lassen. Die Ausstellung in Bremen konnte dem Maler Bernd Pöppelmann nicht gerecht werden. Sie zeigte nur einen kleinen Ausschnitt seines Schaffens. Den herausragenden Maler von Wildtieren, der um die halbe Welt gereist ist, um Raubkatzen, Primaten oder Greifvögel in ihrem natürlichen Lebensraum zu studieren und dann so meisterhaft in Gemälden festzuhalten, dass diese Gemälde heute in privaten Sammlungen, Museen und Königshäusern auf der ganzen Welt zu finden sind – diesen herausragenden Tiermaler konnten wir schon aus Platzgründen gar nicht angemessen präsentieren.

Die Darstellungen des Emsdettener Venns, die Sie in diesem Buch sehen, sind dagegen ein kleiner und vielleicht kann man sagen: ein eher leiser Teil seines Werkes. Es sind die Gemälde von exotischen Wildtieren aller Kontinente, die ihn international bekannt gemacht haben, aber die Darstellung des heimischen Moores mit all seinen nicht minder spektakulären Tieren und Pflanzen ist ein steter Begleiter seines Lebens. Im Moor findet er Ruhe und Konzentration, hier arbeitet er seit Jahrzehnten mit jener Kontinuität, die zu besonders tiefen Erkenntnissen führt: einem Ort treu zu bleiben, um zu sehen, wie er sich verändert.

In der Ausstellung „Im Moor“ Ende 2024 konnte das Overbeck-Museum in Bremen die wundervollen Bilder von Bernd Pöppelmann mit all ihrer Schönheit und ihrem Detailreichtum in einer direkten Zusammenstellung mit Werken von Fritz und Hermine Overbeck zeigen. Es ist frappierend, wie gut sie zusammenpassen, trotz des Abstands von rund 125 Jahren. Das Moor hat sich in dieser Zeit gewaltig verändert. Und während Fritz und Hermine Overbeck uns in ihren Bildern weder Tiere noch Menschen zeigen, dafür aber immer wieder die reetgedeckten Hütten der Torfbauern, als seien sie ein selbstverständlicher, organischer Teil dieser Landschaft – währenddessen rückt Bernd Pöppelmann immer wieder die Tierwelt und vor allem die zahlreichen Vögel in den Vordergrund, die im Moor heimisch sind – noch! muss man hinzufügen –, und er erinnert uns daran, dass eine Landschaft schmerzhaft unvollständig ist ohne die Tiere, die sie bewohnen. Manche Bilder von Bernd Pöppelmann haben einen starken Appellcharakter.

Wenn wir Greta Thunberg in einem von ihnen entdecken oder in einem anderen eine Uhr, die auf fünf nach zwölf steht, dann wissen wir nur zu gut, was das bedeutet. Zu Fritz und Hermine Overbecks Zeiten gab es kein menschengemachtes Artensterben und keine Klimakatastrophe. Aber die wie eine Wunde in die Landschaft geschlagenen Wände des Torfstichs bei Fritz Overbeck und die Baggerspuren und Betonröhren bei Bernd Pöppelmann sprechen trotzdem die gleiche Sprache. Beide Maler zeigen uns nicht nur eine Landschaft, sondern vor allem ein großes Unbehagen an dem, was der Mensch mit der Natur tut. Haben wir denn vom 19. bis zum 21. Jahrhundert gar nichts gelernt? Ist uns die Industrialisierung immer noch wichtiger als der Reichtum der Natur? Bernd Pöppelmann macht uns mit diesen Bildern ein Geschenk. Er schenkt uns die Sichtbarkeit dessen, was verloren zu gehen droht.

Nehmen Sie sich Zeit für diese Bilder. Glauben Sie sich selbst nicht, wenn Sie denken, Sie hätten schon alles gesehen. Schauen Sie noch einmal hin. Und noch einmal. Erlauben Sie sich, mit jedem Blick neue faszinierende Details und ungeahnte Welten zu entdecken. Warum ist das so wichtig, wo Sie doch wahrscheinlich in diesem Leben gar keine Moorforscherin, kein Moorforscher mehr werden wollen? Es ist wichtig um Ihretwillen. Machen wir uns nichts vor: Heute scheinen die Moore gefährdeter zu sein als wir, aber wenn wir in größeren Zeiträumen denken, dann wird die Menschheit den Kürzeren ziehen und ihren Lebensraum verlieren, während der Klimawandel über Jahrtausende hinweg an anderen Stellen neue Moore schaffen wird:

Torfstich - Fritz Overbeck

Landschaftsumbruch - Bernd Pöppelmann

„Mit dem Abschmelzen der Gletscher und des Eises, mit dem Anstieg der Meere und des Grundwassers werden neue Mündungsgebiete, Flüsse, Seen, Niedermoore und schließlich Hoch- und Waldmoore entstehen“, vermutet Annie Proulx zu Recht. Nur dass es dann vielleicht keine Menschen mehr geben wird, die diese Moore in all ihrer Schönheit und Einzigartigkeit erleben können und die Bilder davon malen können, die unser Auge so erfreuen und unser Herz so berühren, wie es die Bilder von Bernd Pöppelmann tun. Wir müssen dieses Geschenk annehmen lernen – das der Bilder und das der Natur – , damit wir es erhalten und weitergeben können.

Übrigens hat auch der eingangs zitierte Helmut Salzinger, der ins Moor gegangen war, um nichts zu tun und nichts zu erzählen, am Ende doch etwas getan und zwar sogar etwas ganz Entscheidendes: *„Ich sitze und schaue“*, schreibt er, *„und versuche, diese Distanz zwischen dem, was vor meinen Augen ist, und mir selbst zu überwinden.“* Ich weiß nicht, ob Ihnen das schon einmal gelungen ist: die Distanz zwischen dem, was vor Ihren Augen ist, und sich selbst zu überwinden. Ich habe einige seltene Momente erlebt, in denen mir das gelang, meistens in der Natur, manchmal auch in einem Museum. Es sind Momente, die sich anfühlen, als bekäme man die ganze Welt geschenkt. Das pure Glück. Ich wünsche Ihnen, dass Sie beim Betrachten der Gemälde von Bernd Pöppelmann einen solchen Moment erleben können. Oder dass Sie einen solchen Moment erleben, wenn Sie das nächste Mal durchs Moor gehen – mit all dem Wissen und all der Aufmerksamkeit, die Sie aus diesem Buch mitgenommen haben.

Dr. Katja Pourshirazi, Leiterin des Overbeck-Museums in Bremen

„Eine neue Generation", Öl, Platte, 60 x 70 cm

Rohrammern, Baumpieper und Blaukehlchen, Bleistift/Aquarell, 47 x 37 cm

3 Artenvielfalt

3.1 Verschwundene Vögel

Manche Vogelart in den Mooren ist längst verschwunden. Es gibt beispielsweise seit 2012 kein Brutpaar des Goldregenpfeifers mehr im Emsland. In Dänemark konnte ich den hübschen Goldregenpfeifer vor einigen Jahren auf dem Herbstzug beobachten. Der Naturschutzpionier Dr. Hermann Reichling aus Münster schrieb damals in seinen Aufzeichnungen der Ornis Westfalens und des Emslandes: „*Dieser typische Moorvogel brütete Anfang des 20. Jahrhunderts noch in mäßiger Zahl im Bourtanger Moor und in der Esterweger Dose sind 1931 zwölf bis fünfzehn Paare festgestellt worden.*"

Über den Kampfläufer schreibt Dr. Reichling: „*Der Kampfläufer ist im Münsterland an einzelnen Stellen Brutvogel, im Emsland noch vielerorts, am Dümmer recht häufig. Zum Beispiel wurden im Kleinen Fullener Moor bei Meppen im Mai 1920 mindestens 50 Hähne angetroffen.*" Auch das Birkhuhn ist verschwunden. Das Birkhuhn zählt zur Familie der Fasanenartigen. Das schwarze Gefieder des Männchens glänzt im Licht stahlblau. Der Schwanz ist leierartig gebogen, die Unterschwanzfedern im Kontrast strahlend weiß. Spektakulär ist im Frühjahr der Kampf der Männchen um die Gunst der Weibchen. Das Emsdettener Venn hatte 1931 das größte Birkwildvorkommen in Westfalen! Der damalige Kreisdirektor Dr. Norbert Schmiese hatte in den 1970er Jahren die Idee, Birkwild im Venn wieder anzusiedeln. Nach zahlreichen Diskussionen mit den Verantwortlichen musste man jedoch einsehen, dass die Fläche des Moorgebietes für eine Auswilderung nicht groß genug war.

Das Heide Rebhuhn, eine dunkelbraun gefärbte Unterart des Rebhuhns, verschwand in den 1920er Jahren. Nach Mitteilung von Dr. Ole Kriegs, Direktor des Naturkundemuseums in Münster, ist noch nicht geklärt, warum das Heide Rebhuhn aus dem nördlichen Münsterland und Emsland verschwand. Ob es auch im Venn in der Heideregion gelebt hat, ist ungewiss. Auch ist nicht geklärt, ob es überhaupt eine eigene (Unter-) Art war, oder ob es sich lediglich um eine Farbvarietät gehandelt hat.

Der 80jährige Bernd Breulmann erzählt, dass er nach der Schule mit seinen Brüdern im nahegelegenen Venn Eier von Kiebitzen, Brachvögeln und anderen Vögeln eingesammelt hat.

„*Einer meiner Brüder schaute mit dem Fernglas, wo ein Kiebitz niederging. Man merkte sich die Stelle und ein anderer wurde so dirigiert, dass er die Eier finden und einsammeln konnte. Dabei musste berücksichtigt werden, dass Kiebitze ein Stück entfernt vom Nest landen. Sie wollen den (tierischen oder menschlichen) Beobachter in die Irre führen, um ihn nicht zum Nest zu locken. Die Eier wurden zuhause ausgeblasen und an Schnüren aufgereiht im Zimmer aufgehängt. Dabei war jeder meiner Brüder bestrebt, die meisten Eier gesammelt zu haben. Der Inhalt wurde in der Pfanne gebraten.*"

Manch ein heutiger Leser ist nun. in einer Zeit, in der Tierarten selten geworden sind und in der Vieles verboten ist, mit einem Urteil schnell bei der Hand, Aber man bedenke: es war die Zeit nach dem Krieg, in der die Artenvielfalt und auch die Zahl der Individuen weit größer waren als heute. Alles muss immer im Zusammenhang mit der jeweiligen Zeit gesehen werden.

Goldammer, Bleistift/Aquarell, 47 x 37 cm

3.2 Das shifting-baseline-Syndrom

Das, was ich in meiner Jugendzeit an Mengen von Individuen an Vogelarten erlebt habe, war weit größer als das, was ich heutzutage erlebe und die Generation meiner Väter hatte noch viel größere Mengen an Individuen und Arten in der Tierwelt erlebt, als ich. *„Die heutige Generation hat die aktuelle Menge vor Augen und der Rückgang ist ihnen entgangen und gerät in Vergessenheit"*. So beschreibt es der Ornithologe Karl Schulze-Hagen im Buch Natura 2000:

„In unserer Einschätzung von Dynamik bzw. Zustandsveränderungen überblicken bzw. berücksichtigen wir nur relativ kurze Zeiträume. Das bedeutet, dass sich bei schrumpfender Vielfalt der Referenzpunkt von Generation zu Generation verschiebt. Was uns heute vielleicht als „viel" erscheint, war für die Generation vorher „wenig". Diesem häufigen Phänomen hat Pauly einen Namen gegeben: „shifting baseline syndrome". Mit dem Vergessen und dem Aufgeben älterer Referenzpunkte geht das Wissen um frühere Zustände Schritt für Schritt verloren. (Rost 2013, Entzian 2015) Das ist ein gewaltiges Problem, denn es entgeht uns das tatsächliche Ausmaß des Wandels und man könnte den Schrumpfungs- bzw. Degradierungsprozess unterschätzen."

„Beschäftigt man sich mit der vogelkundlichen Literatur des 18. und 19. Jahrhunderts, dann erscheinen uns die zeitgenössischen Informationen zum damaligen Arten- und Individuenreichtum schier unglaublich", wie Karl Schulze-Hagen in seiner Abhandlung über Allmenden und deren Vogelreichtum im ornithologischen Mitteilungsblatt „Charadrius" 40/2004 beschrieben hat.

Einige Beispiele, die Karl Schulze-Hagen gesammelt hat, sollen den Arten- und Individuenreichtum vor etwa 200 Jahren vor Augen führen:

„Welch ein Naturgenuss war es,...an einem durch die Sümpfe führenden Damm, die verschiedenen Weihen und die Sumpfohreulen ihre Balzflüge ausführen zu sehen, wenngleich Dutzende Bekassinen meckerten und dazwischen wieder die herrlichen Flöten- und Jodelrufe der Brachvögel, Rotschenkel und Limosen ertönten, ab und zu auch einmal das langanhaltende rollende „korr ..." eines in seinem Brutrevier einherschreitenden Kranichs herüberdrang; das Schnarren und ferne Pfeifen der Binsenrohrsänger, das Balzen der Wiesenpieper, Singen der Braunkehlchen und Schwirren der Locustellen (Feldschwirl u.a.) nahm kein Ende, und von den ringsum gelegenen Balzplätzen der Birkhähne klang überall das Kollern über die Flächen... Und steckte man dann aus dem kleinen Giebelfenster des Wirtshauses... dem „primitiven Luchquartier" ..., selbst gegen Mitternacht mal den Kopf heraus, so tönte bei sternenklarem Himmel noch vielfältiges Stimmenkonzert aus den nahen Brüchen herüber."

„Wer an diesem Frühlingstag 1914 im Havelländischen Luch, einem damals praktisch noch intakten Niedermoor, so ins Schwärmen geriet, war ein stets nüchterner und präziser Zoologe, Ernst Hesse (1874-1945). Ernst Hesse hatte grundlegende Arbeiten zur Avifauna Brandenburgs und Sachsens geschrieben."

Schulze-Hagen schreibt weiter: *„Märkische Bauern schrieben seinerzeit eine Petition an König Friedrich II. (1712-1786) von Preußen aus Sorge um ihre Ernteerträge. Die Verursacher des Wildschadens waren nicht Spatzen, sondern, man will es kaum glauben, Großtrappen. Wo Vögel so zahlreich waren, da verschoben sich die Perspektiven. Was heute selten und schützenswert ist, war früher oft eine Plage. Vor 250 Jahren bekamen die Schulkinder in der Mark Brandenburg frei, um die Eier der Großtrappen einzusammeln (Chr. Carganico, „Die Welt" vom 16. Mai 2004). Umgekehrt hatte die Bundesregierung vor einigen Jahren zum Erhalt der Großtrappenpopulation im Havelland 15 Millionen*

Euro, also 273.000 Euro, für jede einzelne der heute dort in Gehegen lebenden 55 Großtrappen, investiert. Was ist bizarrer?"

„Die Aussage eines alten Anliegers aber mag die Situation des Birkhuhns beleuchten. Er berichtet aus seiner Jugend, dass, wenn sein Vater am Langen Moor zur Jagd ging, seine Mutter sagte: „Vadder – nu bring blot nich all wedder de svatten zähen Heuners mit!" - Gemeint waren Birkhühner, von denen nach seiner Aussage im Herbst Flüge von mehr als 120 Vögeln auf den Kornhocken saßen. Die Bauern suchten sie durch Lärm zu verscheuchen, um ein übermäßiges Koten zu verhindern (Clemens 1990). Man stelle sich vor, ein einziger solcher Trupp niedersächsischer Birkhühner war größer als der heutige Brutbestand in den drei Ländern Belgien, Niederlande und Dänemark zusammen. Die Beispiele ließen sich beliebig vermehren. Alle diese Arten und viele mehr gehörten um 1800 zur regelmäßigen Brutvogelfauna der vielen Moore, Heiden und Magerfluren unseres Landes". Soweit Schulze-Hagen.

Natürlich entging mir nicht, dass seit den 1970er Jahren Kiebitze, Feldlerchen, Rebhühner und andere Vogel- und Tierarten, die es damals in unvorstellbaren Mengen gegeben hat, auch im Münsterland nach und nach verschwanden. Versiegelung der Böden, Zerschneidung der Landschaft durch immer neue Straßen und vor allem die intensive Agrarwirtschaft treiben ein massenhaftes Aussterben und Abwandern an. Die Landwirte sind jahrzehntelang durch ökonomische Zwänge in ein System gepressst worden, das auf Maximierung getrimmt ist. Diese Intensivierung der Landwirtschaft droht der Artenvielfalt jetzt das Genick zu brechen, wie die damalige Bundesumweltministerin Steffi Lemke 2022 ausführte. Schon 1962 wurde ein Buch von Rachel Carson weltweit bekannt: „Der stumme Frühling". Bislang haben wir anscheinend nichts dazugelernt.

„Mit dem Verlust der Tier- und Pflanzenarten geht heute ein Verlust der Artenkenntnisse einher. Damit geht auch die Emotionalität zu der uns umgebenden Flora und Fauna verloren. Da viele der heutigen Menschen den Reichtum, die Vielgestaltigkeit der Organismen und die damit verbundene Schönheit und Ästhetik nicht mehr kennen oder sie niemals kennengelernt haben, werden sie diese auch nicht vermissen", so der Biologe Walter Bednarek in einem Interview.

Sträflich vernachlässigt werden in den meisten Schulen die Artenkenntnisse, so erfahre ich es immer wieder. Bei der Stofffülle in vielen Fächern kommt die Naturvermittlung in den Schulen viel zu kurz. Gerade die Vogelwelt umgibt uns Menschen an vielen Orten, auch in unseren Gärten. Bei der Vielzahl der Insekten ist es schon schwieriger, sie kennenzulernen. Ich habe es aufgrund eines Malbuchauftrags für das Magazin „Landlust" in den letzten Jahren selbst erlebt, wie schwierig es sein kann, allein die zahlreichen Wildbienenarten auseinanderzuhalten. Die meisten Menschen können zwar einige Säugetierarten aufzählen, wie Igel oder Fuchs. Aber die sind oft schwer zu entdecken oder nachts unterwegs, ebenso wie Bilche, Mäuse und Marder. Somit ist ein Erleben fast unmöglich. Das Kennenlernen der Vogelwelt halte ich daher für den idealen Startpunkt, Naturinteresse zu wecken. Die Forschung zeigt, dass die Beobachtung von Vögeln zudem Stress abbaut und glücklicher macht. Es kann die Erfüllung eines Hobbys sein. Vor allem an Futterhäuschen ergeben sich gute Beobachtungsmöglichkeiten. Vögel zu kennen, wäre der erste Schritt dahin, etwas für die Natur zu tun. Daher halte ich es für sehr wichtig, dass Kinder insbesondere die häufigeren Arten kennenlernen. Wenn Kinder kaum noch Berührungspunkte haben, auch deshalb nicht, weil sie fast gar keine Begegnungen mit Vögeln oder anderen wilden Tieren mehr haben, verlieren sie das Interesse oder entwickeln es erst gar nicht. Vielleicht dienen heute deshalb gewaltige Mengen an Meerschweinchen, Goldhamstern, Katzen oder Hunden als Ersatz.

Bezüglich meiner Arbeit ist mir wichtig, mit der Herausgabe von Malbüchern, in denen die Tiere realistisch gezeichnet sind und nicht comichaft, wie es in Malbüchern heutzutage häufig üblich ist, das Interesse bei Kindern zu wecken. Alles bleibt im Gedächtnis besser haften, wenn man es aufschreibt oder aufzeichnet. Aber vor allem Erlebnisse in der Natur können bei Kindern die spätere Bereitschaft zum Engagement für Natur wecken. In den 1990er Jahren zog ich über einen Zeitraum von mehr als 10 Jahren mit Gruppen von Kindern während des Frühjahrs ins Moor und in die Feuchtwiesen. Vorher aber wurden sie mit Fotografien der dort lebenden Vogelwelt konfrontiert, damit sie sich durch das Abzeichnen die unterschiedlichen Vogelarten einprägen konnten. Danach wurden Präparate aufgestellt, nach denen die Kinder besondere Merkmale herausfinden sollten: Zum Beispiel die unterschiedlichen Körperformen oder Farbgebungen. Sie sollten herausfinden: Wie ist das Männchen im Unterschied zum Weibchen gefärbt, oder: Wie sieht der Schnabel der Krickente im Unterschied zu dem des Kiebitzes aus? Welchen Unterschied gibt es bei den Schnäbeln der Uferschnepfe und des Brachvogels? Und so weiter. Der Vogelpark Metelen beherbergte damals einige Moorvogelarten, wie Brachvogel, Kiebitz, Krickente, Rohrammer, Braunkehlchen und einige mehr. Diese wurden beobachtet und, so gut es ging, skizziert. Mit diesen Vorkenntnissen ging es dann nach draußen ins Venn. Hier eine Uferschnepfe auf dem Zaunpfahl, dort eine Krickente auf dem Wasser, ein Brachvogel der durch die Wiese läuft, die Blüten der Salweiden, ein Grasfrosch, alles wurde nun beobachtet und zu Papier gebracht. Wie umgewechselt waren die Kinder, als wir einmal ein Kiebitzküken am Wegrand auf dem Acker fanden. Es lag an die Erde gepresst und rührte sich nicht. Einer der flinksten Jungen fing bei einer anderen Gelegenheit einen Grasfrosch. Dieser wurde nun ausgiebig bestaunt und aus dem Gedächtnis gezeichnet, nachdem er fortgesprungen war. Diese Erlebnisse zeigten mir, wie wichtig es sein kann, einem Tier nahe zu sein. Das ist ein ganz anderes emotionales Erlebnis als die Beobachtung durch ein Fernglas. Einige Male gab es zudem Ausstellungen in der Sparkasse, die vom Hegering Emsdetten organisiert wurden.

Kiebitze

3.3 Miteinander für die Natur

Hochmoore beheimaten in der Regel nur eine spezialisierte und eher artenarme Tierwelt. Da das Emsdettener Venn aber noch kein ausgewachsenes Moor ist, zeigt es in der Kombination mit Bruchwald, Feuchtwiesen und landwirtschaftlich genutzten Flächen, die wie ein grüner Gürtel das Zentrum umschließen, einen überraschend vielfältigen Lebensraum.

Säugetiere, wie Hasen, sind häufig, sind aber in den letzten Jahren durch Hasenpest und Myxomatose dezimiert worden. Rehe sind ebenfalls recht häufig im Venn zu beobachten. Ein Freund aus Baden-Württemberg spricht heute noch davon, dass wir einmal im Februar oder März 38 Rehe in einem Sprung zählten. In seinem Heimatland ist das Rehwild wohl nicht so häufig. Fuchs, Iltis und weitere Kleinräuber sind meist nachtaktiv und daher nur selten zu Gesicht zu bekommen. Besonders artenreich hingegen ist die Welt der Insekten und die der Vögel – letztere stehen im Mittelpunkt meines Interesses. Die Welt der Insekten und Spinnen im Moor ist so überwältigend, dass selbst Fachleute mit der Bestimmung an ihre Grenzen stoßen, – doch um ihre Schönheit und Komplexität künstlerisch einzufangen, bräuchte ich wohl ein weiteres Leben.

Die Zahl der Wiesenvögel ist in den vergangenen Jahrzehnten deutlich zurückgegangen – in erster Linie durch die Folgen intensiver Landwirtschaft. Hinzu kommt der Druck durch Prädatoren wie Marder, Füchse und andere Raubsäuger, die den am Boden brütenden Vögeln zusätzlich zusetzen. Zwar sorgen niedrige Elektrozäune an den sogenannten Blänken für einen gewissen Schutz, doch Raubtiere lassen sich dadurch nur begrenzt fernhalten. Dieses empfindliche Ökosystem erfordert daher aktives Management – eine Aufgabe, die im Emsdettener Venn von der Biologischen Station des Kreises Steinfurt übernommen wird. Die Mitarbeitenden arbeiten dabei mit Jägern und Landwirten zusammen, um praktikable und naturverträgliche Lösungen zu finden. Die Kommunikation zwischen Jägern und Landwirten oder Naturschützern ist heutzutage unerlässlich.

Als ich damals nach Emsdetten zog, begegnete ich bald engagierten Naturschützern ebenso wie passionierten Jägern – Gruppen, die oft eher als Gegner denn als Partner auftraten. Ich konnte nie ganz nachvollziehen, weshalb sich diese beiden Fraktionen so unversöhnlich gegenüberstanden, wo sie doch letztlich dasselbe Ziel verfolgten: den Erhalt der Natur. Lediglich die Wege dorthin – die Beweggründe, Überzeugungen und Herangehensweisen – unterschieden sich. Wie überall im gesellschaftlichen Leben gilt auch hier: Es gibt nicht die Jäger oder die Naturschützer – sondern immer wieder Einzelne mit ganz unterschiedlichen Haltungen und Prioritäten. Und so sind Interessenskonflikte oft unausweichlich. Umso wichtiger ist es, die Bedürfnisse der einen Seite ebenso ernst zu nehmen wie die berechtigten Sorgen der anderen. Nur im gegenseitigen Respekt und durch Zusammenarbeit lässt sich dauerhaft etwas für unsere Natur erreichen.

Ich hatte das große Glück, zwei Menschen kennenzulernen, die diese Sichtweise mit mir teilten und deren Haltung sich wohltuend von vielen anderen unterschied: Zum einen den Naturschützer Heinz Rinsche, der sich mit unermüdlichem Einsatz für die Natur in und um Emsdetten verdient gemacht hat – immer zum Wohle der Allgemeinheit. Und zum anderen Heinz Müller, einen Jäger, der einen Begehungsschein im Revier Westum I hatte, der mit ähnlich großer Leidenschaft für den Erhalt der heimischen Tierwelt eintrat. Mit beiden Männern war ich im Laufe der Jahre freundschaftlich verbunden. Leider sind sie viel zu früh verstorben. Ihre Überzeugung war klar und deutlich: Nur durch eine respektvolle Zusammenarbeit – über ideologische Gräben hinweg – lässt sich der Erhalt unserer Tier- und Pflanzenwelt dauerhaft sichern. Diese Haltung habe ich stets geteilt. Sie war und ist für mich richtungsweisend – in einer Zeit, in der viele nur noch in Lagern denken und allzu oft die eigenen Interessen über das Gemeinwohl stellen.

An dieser Stelle möchte ich auf ein weit verbreitetes Missverständnis eingehen: Häufig wird angenommen, Naturschutz diene vor allem dazu, der Natur „zu helfen" – als wäre sie ein vom Menschen getrenntes, eigenständiges System. Doch diese Sichtweise greift zu kurz. Tatsächlich geht es im Naturschutz nicht nur darum, Flora und Fauna um ihrer selbst willen zu bewahren – es geht auch, und vielleicht vor allem, um uns selbst. Denn wir Menschen sind nicht getrennt von der Natur, wir sind Teil von ihr. Wir leben in ihr, mit ihr – und letztlich auch von ihr. Wer das erkennt, versteht, dass der Begriff Naturschutz in seiner heutigen Form oft zu eng gefasst ist. Was wir schützen, ist unsere gemeinsame Lebensgrundlage.

Die neunzehnhundertneunziger und beginnenden zweitausender Jahre waren für mich zwei Jahrzehnte der Reisen. Die Tierwelt Afrikas war besonders faszinierend. Die skandinavische Tierwelt, Elche in Kanada, Weißkopfseeadler in Amerika, Birkhühner in Schottland, Nubische Steinböcke in Israel, Mendesantilopen im Jebil Nationalpark in Tunesien, alles war oft neu und interessant. Vieles wurde in Gemälden verarbeitet. Wenn ich dann aber wieder im Münsterland war, in „meinem Venn", die Lerche hoch am Himmel singen hörte und der Flötenruf des Brachvogels zu hören war, dann war ich glücklich und fühlte mich „zuhause".

Auch wenn die Zahl der Tiere – insbesondere der Insekten und Vögel – selbst im Naturschutzgebiet spürbar zurückgegangen ist, gibt es sie noch: die stillen, berührenden Begegnungen mit der Natur. Für mich ist das Emsdettener Venn einer jener besonderen Orte, ein kleines Paradies, das meinem Leben so viel bedeutet. Immer wenn die Probleme dieser Welt, Kriege, Pandemien, Artensterben und Klimakrise an meinem Gemüt zerrten, ging ich ins Venn. Dort konnte ich die Alltagssorgen hinter mir lassen. Meine regelmäßigen Besuche im Moor und den umliegenden Bereichen der Feuchtwiesen gaben mir vor der Jahrhundertwende, als ich in Emsdetten wohnte, die ersten Einblicke in die Lebenswelt des Emsdettener Venns.

Überwinterer-Raubwürger, Mischtechnik, 50 x 60 cm

Schwarzkehlchen-Land, Mischtechnik, 50 x 60 cm

Krickenten im Venn, Mischtechnik, 50 x 60 cm

Brachvogel-Land, Mischtechnik, 50 x 60 cm

4 Ein Jahr im Emsdettener Venn

Nun möchte ich Sie, liebe Leserin, lieber Leser, mitnehmen – auf einen ganz persönlichen Streifzug durch das Emsdettener Venn. Kommen Sie mit auf eine Reise durch Moor, Feuchtwiesen und Bruchwald – zu Tieren, Menschen und Geschichten, die diesen Ort so besonders machen.

4.1 Jahresanfang

An einem Wintertag ist etwas Schnee gefallen. Das möchte ich mir im Moor anschauen, um vielleicht Eindrücke für ein malerisches Motiv zu bekommen. Als ich am kleinen Parkplatz in der Nähe des Aussichtsturms aussteige, ist es bereits spät geworden. Dunkel, fast schwarz, hebt sich die Silhouette des Baumbestandes gegen den Himmel ab. Durch die Lücken zwischen den Bäumen schimmert das Licht der untergehenden Sonne in einem wamen Gelb-Orange. Eine niedrige Lage Schnee liegt über der Moorlandschaft. Besonders deutlich sind die Erhebungen zu sehen, die in den Senken violette Schatten werfen. An einer Stelle ist auf dem zugefrorenen Torfstich der Schnee verweht. Die frei gewordene Stelle glitzert strahlend hell im beschneiten hellbläulichen Umfeld.

Wer glaubt, das Venn sei in der Winterzeit leblos, der irrt. Allerdings ist es ruhig geworden. Viele Vögel sind in den Süden gezogen, andere ziehen umher, nur die Gänse bleiben hier beziehungsweise werden von Tieren aus dem Norden ergänzt. Im Hintergrund hört man die schwarzen Gesellen. Die Rabenkrähen scheinen immer noch etwas Fressbares zu finden. Am Eingang zum Lehrpfad stehen einige dickere Birkenstämme. In einem Stamm entdecke ich eine Höhle in Hüfthöhe. Beim Reinschauen kann ich mehrere Baumläufer, dicht gedrängt, aneinander gekuschelt, erkennen. So halten sie sich warm.

In den kahlen Bäumen und Sträuchern am Aussichtsturm sitzen mehrere Dompfaffen. Aufgeplustert sitzen sie würdevoll in den Spitzen. Dabei hört man ein weiches, typisches „djüh". Wer einmal ein „knallrotes" Dompfaffmännchen im Schnee gesehen hat, erfährt die ganze Schönheit dieses Vogels mit seiner schwarzblauen Kappe, die ihm den Namen gegeben hat, seinem schwarzblauen Schwanz und gleichfarbigen Flügeln. In starkem Kontrast dazu stehen die weißen Unterschwanzfedern, der weiße Bürzel und die weißliche Binde auf den Flügeln. Die Brust der Weibchen ist eher braunrosa. Auch ein Rotkehlchen ist in der Nähe. Dieses Rot von Brust und Stirn ist ganz anders, eher ein orangerot oder rostrot.

In den 1980er Jahren konnte man den Turmweg noch mit dem Auto befahren. Ich sah bei einer Fahrt eine hellgraue Kornweihe im Flug direkt vor meiner Windschutzscheibe den Weg überqueren. Sie hatte den Kopf zu mir gewandt, so dass man den Eindruck haben konnte, dass sie mich angeschaut hatte. Dieses Erlebnis habe ich bis heute nicht vergessen. Fast jedes Jahr kann man im Umfeld des Emsdettener Venns diesen Greifvogel in der Winterzeit beim Suchflug beobachten. Es handelt sich um Vögel aus dem Norden, denn die Art ist im mitteleuropäischen Binnenland durch Lebensraumzerstörung weitgehend ausgestorben. Besonders auffallend sind die männlichen Vögel, die im Flug sehr hell erscheinen, blaugrau gefärbt, nur die äußeren Handschwingen sind schwarz. Die Weibchen sind dunkelbraun gestrichelt auf beigem Grund. Deutlich sieht man im Flug das große weiße Bürzelfeld. Die Kornweihe ist kleiner und zierlicher als ein Bussard. In einem gaukelnden Flug mit typischerweise in V-Form aufgestellten Schwingen sucht sie ihre Beute, dazu gehören kleine Säugetiere, aber auch Vögel.

Ein weiterer Gast ist regelmäßig im Winter im Venn, der Raubwürger. Den konnte ich mehrere Jahre zur Winterzeit beobachten. Im Gegensatz dazu ist der kleinere Neuntöter Brutvogel im Venn. Der gut amselgroße Raubwürger ist der größte seiner Art. Er ist ein Ansitzjäger, der von einer erhöhten Warte aus die Umgebung beobachtet und Beutetiere meist am Boden fängt. Zur Beute gehören Großinsekten und kleinere Wirbeltiere. Bekannt sind die Würger für das Aufspießen ihrer Beute. Oft saß der große Würger in der ausladenden, kurzstämmigen Kiefer im Moor. Die Kiefer ist in den letzten Jahren entfernt worden. Wenn man den Turmweg entlang schritt, sah man häufig von weitem einen hellen, leuchtenden Punkt in der dunklen Kiefer. Einmal fand ich Reste von Beutetieren im Stacheldraht an der Wiese mit Feldscheune. Eine halbe Maus konnte identifiziert werden, das andere war undefinierbar für mich, vielleicht ein Frosch oder eine Kröte.

Wieder in den Wiesen kann man Schwärme von Staren, vergesellschaftet mit Wacholderdrosseln, sehen, wie sie, selbst bei Raureif, emsig nach Nahrung suchen. Die Wacholderdrosseln sind etwas größer als die Stare. Mit dem rotbraunen Rücken, dem grauen Kopf und Bürzel und der gestrichelten Unterseite wirken sie sehr farbig. In der Ferne hört man die Rabenkrähen.

Kraniche machen auf dem Durchzug regelmäßig Rast im Emsdettener Venn. Ludwig Klasing fotografierte etwa 50 Kraniche am 25.2.2013 und ich fotografierte 23 Kraniche ein Jahr später am 27.1.2014 am Umringweg.

Bekassinen

Kiebitzstudie, Aquarell

Brachvogel mit Jungen, Aquarell

Uferschnepfen, Aquarell

4.2 Frühling

Früh bin ich Anfang März unterwegs und parke auf dem Seitenstreifen am Turmweg. Im Zwielicht des Morgengrauens erscheinen die Konturen der Baumreihe am Horizont noch weich und sanft, ohne die Schärfe wie bei Sonnenlicht. Blühende Weidenkätzchen einiger Salweiden schmücken den Weg in Höhe des Aussichtsturmes. Nun wird es im Emsdettener Venn lebendig, auch wenn Fröste und Schneeeinfall manchmal kurze Rückschläge verursachen. Manche Vögel suchen dann vorübergehend andere Regionen auf, andere bleiben standhaft, trotz der nächtlichen Kälte.

Fast explosionsartig ist das Venn ab März von Zugvögeln bevölkert und das Vogelkonzert beginnt schon am Eingang des Turmweges mit Zilpzalp und Rotkehlchen, sie werden vom melodischen Gesang der Amsel unterstützt. Auch der Fitislaubsänger trägt fleißig seine absteigende, fast wehmütig klingende Tonfolge, vor. Fitis und Zilpzalp, auch Weidenlaubsänger genannt, sind kleine zierliche, grünliche Vögelchen, die nur der Fachmann im Feld optisch unterscheiden kann. Nach einigen Schritten ist ebenfalls eine absteigende Tonfolge zu hören, die aber ganz anders und viel voller klingt als der Gesang des Fitis. Nun sehe ich, wie ein kleiner Vogel aus dem Baumwipfel stumm in die Höhe steigt und anschließend mit ausgebreiteten Flügeln wie ein Fallschirm zur Erde gleitet. Dabei beginnt der Gesang mit abfallenden „zi-zi-zi"- Lauten und geht über in eine aneinandergereihte Folge von Trillern und endet typisch mit „zia zia zia..." Der Vogel landet auf einer Baumspitze. Vor wenigen Jahren waren am Turmweg und am Lehrpfad mehrere Baumpieper bei ihrem Singflug zu beobachten.

Baumpieper

Und dann höre ich das „sieh, sieh sieh, hab dich so liiieb", mit dem die Goldammer ihr Revier markiert und quasi den Frühling einläutet. Von weitem leuchtet der gelbe Kopf des Männchens. Schon in meiner Jugend hat mich dieses Lied begleitet, wenn ich einen Feldweg im Münsterland entlanglief und später habe ich es immer mit Frühling und Sommer verbunden. Das Männchen sitzt unübersehbar in den Spitzen eines Strauches. Die Goldammer bewohnt die Hecken und Randbereiche des Moores. Ihr typischer Lebensraum ist die halboffene bis offene, durch Büsche und Hecken gegliederte Landschaft. Leider ist gerade diese vielschichtig strukturierte Kulturlandschaft vielerorts in eine moderne Agrarlandschaft umgewandelt worden. Den Gesang der Goldammer kann man auch dann noch hören, wenn die meisten anderen Singvögel verstummt sind. Kaum eine andere Art hat so eine lange Gesangsperiode von Ende Februar bis zum Ende des Sommers. Bei der Paarbildung kommt es zu verschiedenen, teilweise gemeinsamen Balzhandlungen am Boden. Ich beobachtete ein Männchen, das mit hängenden Flügeln fast flach am Boden saß und den gelben Kopf nach hinten emporstreckte und hüpfend das Weibchen umwarb. Nach zwei Wochen Nestlingszeit verlassen die Jungen das Nest, am Boden oder in bodennaher Vegetation, und werden von beiden Eltern noch zwei Wochen gefüttert, bis sie selbstständig werden und sich zu lockeren Trupps zusammenschließen.

In einer der Salweiden sitzt das Männchen der Rohrammer im Prachtkleid, den schwarzen Kopf singend emporgestreckt, vor der Moorkulisse. Der Gesang ist einfach und besteht aus einigen scharf rollenden Einzeltönen, die mit einem kurzen Triller enden. Der Vogel wird umrahmt von gelben Weidenkätzchen, die sich vor dem Schwarzblau des Wassers der Torfstiche kontrastreich abheben. Seit langer Zeit habe ich vor, diese Szene malerisch umzusetzen, bin aber nicht dazu gekommen. Manche Vögel, dazu gehören vor allem Rohrammerweibchen, sind in der weiten einförmigen Landschaft gut getarnt, um nicht Opfer von Feinden zu werden.

Frühlingsabend im Venn, Öl/Lw. 60 x 90 cm

Das bräunliche, gestreifte Gefieder hat eine Licht-Schatten-Wirkung. Daher fallen Rohrammern zwischen trockenem Pfeifengras kaum auf und sind so vor allem in der Brutzeit geschützt. Sicher haben Sie schon mal die Bezeichnung „Rohrspatz" gehört. Das Weibchen der Rohrammer sieht einem Sperlingsweibchen ziemlich ähnlich. In der ersten Märzhälfte beginnen die Männchen, die im Winter ein Schlichtkleid tragen und so im Aussehen den Weibchen ähneln, mit der Revierabgrenzung. Einige Tage später erscheinen die Weibchen und nach der Paarbildung wird mit dem Nestbau begonnen. Der kleine Napf liegt meist am Grunde der Pfeifengrashalme auf einer Bulte und ist so gegen Niederschläge gut geschützt. Rohrammern sind an Randzonen von Feuchtgebieten und an Moorgebiete gebunden.

In der umliegenden Feldregion ist vereinzelt ein Singvogel zu hören, der früher häufig war und zu den „Allerweltsvögeln" zählte. Ein Vogel, der singend hoch in den Himmel steigt. Vor Jahren waren Feldlerchen auch in Höhe der Feldscheune am Turmweg zu hören. Die Brust der Lerche ist gestrichelt, die Kopffedern stehen oft als kleine Haube ab. Mit ihrer bräunlichen Gefiederfärbung ist sie auf dem Boden gut getarnt und schwer zu entdecken. Feldlerchen brüten nur auf offenen Flächen mit weitgehend freiem Horizont, sie sind am Boden und hoch am Himmel zuhause. Zum Vortrag ihres Gesangs steigen Feldlerchen senkrecht auf und steigen schraubenartig in die Höhe. Dann stehen sie mit flatternden Flügeln in der Luft und singen mit trillernden und jubelnden Elementen, manchmal mehrere Minuten lang, ununterbrochen. In vielen Regionen Deutschlands sind Feldlerchen mittlerweile verschwunden. Ich empfinde das als einen großen Verlust, denn ich habe den Gesang immer mit einem Gefühl von Sommer verbunden. In meiner Jugend waren Feldlerchen recht häufig und der Himmel war im Sommer erfüllt vom Gesang mehrerer Lerchen über den Äckern. Der Maler Eugen Kisselmann beschreibt die Lerche im Buch „Time over“ sehr treffend: „*Weil die Feldlerchen so hoch in der Luft singen, hat man das Gefühl, dass diese herrliche Musik die Stimme des Himmels selbst ist. Ich verbinde sie mit der strahlenden Sonne und mit der flimmernden Luft am Horizont. Meistens lässt die Sonne es nicht zu, eine hoch oben singende Lerche auszumachen, und als Kinder suchten wir oft vergeblich nach ihr.*“

Feldlerche

Kein anderer Vogel singt so ausdauernd im Flug, wie eine Feldlerche. Besonders interessant finde ich die Strategie der Lerchen, einem Feind zu entkommen. Lerchen zeigen eine Reihe von Verhaltensweisen zur Abwehr von Greifvögeln, darunter Schwarmbildung, Suche nach Zufluchtsorten und Gesang! Feldlerchen singen sogar dann noch, wenn sie in Nordeuropa vom Merlin, einem kleinen Falken, verfolgt werden. Sie schrauben sich in die Höhe und der Merlin versucht zu folgen. Die Reaktionen von Lerchen auf Angriffe von Merlinen wurden über drei Winter hinweg an einer schottischen Flussmündung aufgezeichnet, um die Wirksamkeit des Gesangs als Signal zur Abschreckung von Verfolgern und dessen Einsatz zu bestimmen. Die Sterblichkeit aufgrund von Angriffen durch Merline war hoch. Eine Lerche, die körperlich fit ist, signalisiert dem Greifvogel durch den Gesang – man kann es sinngemäß vielleicht so übersetzen: „Du bekommst mich nicht, ich bin Dir überlegen“. Ein Merlin fing eher eine nicht singende Lerche als eine voll singende. Die optimale Fluchtmöglichkeit für eine Lerche bei einem Merlinangriff hing wahrscheinlich von ihrem Zustand und ihrer Fähigkeit ab, bei einem Angriff noch zu singen.

Vor einigen Jahren fand ich in der Moor- und Heideregion des Venns immer wieder Wiesenschafstelzen. Jetzt sind sie nicht mehr dort - möglicherweise durch eine Veränderung der Vegetation. Es sind hübsche Vögel mit langem Schwanz. Die Unterseite ist leuchtend gelb, die Oberseite weitgehend olivgrün. Wie es für Stelzenarten üblich ist, wippen sie häufig mit dem Schwanz.

Der Blick über die Moorlandschaft wird am Horizont begrenzt durch eine Baumlinie und bleibt an riesigen Windrädern hängen. Manches Mal, wenn ich einen Vogel in den Sträuchern fotografieren will, stellt der Fokus den Vogel scharf und die riesigen Flügel des Windrads nehmen schemenhaft den ganzen Hintergrund ein, durch das Tele dem Vogel bedrohlich nah. Anfang der 1980er Jahre bekam ich von einer niederländischen Herstellerfirma von Windrädern den Auftrag, eine Landschaft mit Windrädern im Hintergrund zu malen. Drucke sollten an die Geschäftskunden verschenkt werden. Ich entwickelte eine Vennlandschaft mit winzigen Windrädern in weiter Ferne. Meine Vorstellung damals reichte nicht aus, um mir die heutige Größe von Windkraftanlagen vorzustellen.

Beim Gang durch ein Stück Bruchwald am Lehrpfad ist ein schwaches „Knattern“ zu hören. Nach langem Suchen nach Gehör finde ich den Kleinspecht in einiger Entfernung zwischen dem Wirrwar von Ästen und Baumstämmen. Er sieht fast wie eine Verkleinerung des Buntspechtes aus, sperlingsgroß, mit weißen Streifen und breitem weißen Feld auf dem Rücken. Grünspecht, Schwarzspecht und Buntspecht sind im Venn ebenfalls vertreten.

Ganze Pulks von Kiebitzen ziehen in die Wiesen ein, wenn sie eine große Blänke (Wasserstelle, von Naturschützern im Venn angelegt) gefunden haben. Während des Frühjahrszuges findet man in den Wasserpfützen der Wiesen kleine Limikolen wie Bruchwasserläufer, Flussuferläufer, Rotschenkel und in früheren Jahren auch Austernfischer. Die Letztgenannten haben sich aber mittlerweile auf Firmendächern mit Kies ihre Brutplätze gesichert. Immer wieder streiten ankommende Brutvögel um die Reviere. In einem Jahr traute ich meinen Augen nicht, denn es landeten in einer Wiese am Treffpunkt Pilz mehr als 20 Kampfläufer. Die hatte ich im Venn noch nicht gesehen. Sie blieben ein paar Tage, stocherten im Boden und suchten um die Wette nach Insekten und deren Larven und flogen dann weiter in Richtung Norden zu ihren Brutgebieten. Im Ochsenmoor, ein Feuchtwiesengebiet am Dümmersee, kann man bis Anfang Mai größere Ansammlungen von Kampfläufern beobachten. Ende April haben einige Männchen schon die mähnenartige Halskrause angelegt und fangen an zu balzen.

Auf der Fahrt zum Venn sieht man in den Wiesen immer wieder Feldhasen. Ein besonderes Erlebnis ist es für mich, zuzusehen, wenn sich die Hasen, manchmal fünf zugleich, verfolgen. Dann halten sie inne, manche beschnuppern sich, bevor es wieder von Neuem losgeht. Malerische Szenen vor der Blüte des Wiesenschaumkrauts, das die ganze Wiese überzieht. Plötzlich springt ein Hase über einen anderen, zwei stellen sich auf die Hinterbeine und „boxen", sie schlagen aufrecht stehend mit den Vorderpfoten. Die Männchen (Rammler) kämpfen um das Weibchen (Häsin). Vor allem die Häsinnen boxen mit den Rammlern - ein Paarungsritual, das dazu dienen soll, die fittesten Männchen auszusuchen. Sie testen die Kräfte des potenziellen Partners. Wohl jeder kennt den Hasen, der von Dürer in einem kleinen Aquarell festgehalten wurde, das heutzutage in der Albertina in Wien zu bestimmten Zeiten ausgestellt, ansonsten aber unter Verschluss gehalten wird und den Hasen, der während der Osterzeit zu einem „Osterhasen" mutiert. Sprichwörtlich ist die Fruchtbarkeit des Feldhasen. Drei- bis viermal im Jahr bekommt die Häsin Junge, die schon bei der Geburt die Augen geöffnet haben und mit Fell ausgestattet sind. Die Jungen ducken sich in einer Mulde und werden zweimal am Tag von der Häsin gesäugt. Einst war der Feldhase ein Gewinner der Kulturlandschaft, heute gehört er zu den gefährdeten Arten und aktuell sterben immer mehr Hasen durch die Myxomatose oder die Hasenpest.

Kiebitz, Bleistift/Aquarell, 47 x 37 cm

Braunkehlchen, Bleistift/Aquarell, 47 x 37 cm

Brachvögel, Bleistift/Aquarell, 47 x 37 cm

Eine Brutperiode mit den drei Charaktervögeln der Moore und Feuchtwiesen

Spannend wird es in den Vennwiesen vor allem, wenn Kiebitz, Brachvogel und Uferschnepfe wieder eingetroffen sind. Für mich gehören sie zu den prägendsten Vogelarten dieser Landschaft – Charaktervögel der Moore. Trotz ihrer unterschiedlichen Erscheinung haben diese drei Limikolen (Watvögel) in ihrer Lebensweise viel gemeinsam.

Die ursprünglichen Lebensräume dieser Limikolen waren Niedermoore, Hochmoore und feuchte Flussniederungen. Nach dem Verlust dieser Habitate durch Zerstörung und Trockenlegung der Moore und Umwandlung von Grünland in Acker, sind sie in NRW fast ausschließlich in Feuchtwiesen zu finden, weshalb sie heutzutage auch als „Wiesenlimikolen" bezeichnet werden. In den Wiesen am Max-Clemens-Kanal, südlich vom Sammelplatz Pilz an der Neuenkirchener Straße und östlich des Moorkerns, sind sie ab Anfang März zu beobachten. Bis in den Juni hinein machen sie diese Landschaft zu ihrem Brutgebiet.

Die auffallendste Art unter ihnen ist wohl der Kiebitz mit seiner aufgestellten Federholle am Kopf und den Rufen „kiuwitt-kiuwitt". Überall auf den Äckern sah man damals Kiebitze in der landwirtschaftlichen Region. Brachvögel und Uferschnepfen hingegen lernte ich erst nach meinem Umzug nach Emsdetten besser kennen. Vor allem der Brachvogel ist ein Meister der Tarnung – so unauffällig gefärbt, dass er für das ungeübte Auge kaum auszumachen ist. Ich habe oft erlebt, wie sich der Blick für bestimmte Arten erst mit der Zeit schärft. Man muss ein Auge dafür entwickeln. Daher mein Tipp: Wenn Sie nicht gleich eine Uferschnepfe oder einen Brachvogel entdecken, bleiben Sie eine Weile stehen und verfolgen Sie die Vögel, die sich in der Luft befinden, dann bekommen Sie mit der Zeit ein Auge dafür.

Gerade diese drei Arten zeigen eindrucksvoll, wie Vögel durch unterschiedliche Schnabelformen dieselbe Nahrungsquelle auf ganz eigene Weise nutzen.

Kiebitze ernähren sich vor allem von Weichtieren, Insekten und deren Larven, die sie am oder knapp unter dem Boden aufspüren. Ein Verhalten hat mich besonders fasziniert: Ich beobachtete Kiebitze, die auf der Stelle standen und mit einem Fuß trippelten. Anfangs konnte ich mir keinen Reim darauf machen. Erst später wurde mir die Bedeutung klar, als ich im Garten eine Amsel beobachtete, die ein ähnliches Verhalten zeigte. Die Vögel nutzen das sogenannte „Fußtrillern", um Regenwürmer und anderes Kleingetier an die Oberfläche zu locken.

Brachvögel und Uferschnepfen hingegen haben längere Schnäbel. Bei der Uferschnepfe ist er gerade, beim Brachvogel nach unten gebogen. Männchen haben einen etwas kürzeren Schnabel und sind oft ein wenig kleiner, was im Feld aber kaum auffällt.

Diese Unterschiede im Schnabelbau sorgen dafür, dass die Arten unterschiedliche Tiefen im Boden nutzen und sich so bei der Nahrungssuche kaum in die Quere kommen. Auf dem Speiseplan stehen Regenwürmer, wirbellose Kleintiere, Schnecken und andere Weichtiere, Krebstierchen und Insekten und deren Larven. Der Schnabel ist dabei ein wahres Präzisionsinstrument: Die Spitze ist sehr feinfühlig und flexibel und kann die Nahrung ertasten. Die Spitze kann, ebenso wie bei der Bekassine, so weit geöffnet werden, dass damit kleine Bodentiere ergriffen und aus dem Boden gezogen werden können.

Ankunft: Der Kiebitz ist einer der ersten Frühlingsboten. Ende Februar kommt der Vogel mit der Holle aus dem Winterquartier zurück und ist dann in größeren Trupps zum Beispiel in den Rieselfeldern bei Münster anzutreffen, aber auch an größeren Blänken in Feuchtwiesengebieten. Mehrmals im Laufe der Jahre sah ich Kiebitze Anfang März im Schnee, einmal sogar im dichten Schneetreiben auf einer Wiese. Eine fast surreale Szenerie. Dicht gedrängt standen sie leicht geduckt mit dem Kopf gegen den Wind beieinander. Auch der Große Brachvogel, der größte Watvogel in Europa, ist einer der ersten Vögel, die aus dem Überwinterungsgebiet zurückkommen. Sofort beziehen die Vögel ihre Reviere, wobei ich gelegentlich Zeuge ihrer Revierstreitereien war.

Nur wenig später treffen die Uferschnepfen ein. Die Uferschnepfe ist eine langbeinige Limikole aus der Ordnung der Regenpfeiferartigen. Wie Andreas Barkow in seinem Beitrag im Buch „Time over" beschreibt, ist die Kultivierung der Landschaft lange Zeit ein Vorteil für die Wiesenvögel gewesen. Sie haben durchaus jahrelang davon profitiert, dass der Mensch mit Ackerbau und Viehzucht neue Ressourcen für sich und seine Umwelt erschlossen hat. Nun hat sich das Blatt aufgrund der immer schnelleren Intensivierung der Landwirtschaft gewendet.

Ein Besuch der Rieselfelder bei Münster Anfang März zeigt, dass die Uferschnepfen wieder zurück sind. Sie suchen im Schlamm nach Nahrung. Sie sind immer in Bewegung, gelegentlich jagen sie sich in kleinen Trupps zu manchmal 10 Vögeln und landen nacheinander im Wasser. Tage später fliegen sie weiter und teilen sich dann in ihre Brutgebiete auf.

An einem Morgen im März gegen 6 Uhr stehe ich, wie so oft im Frühjahr, an meinem Atelierfenster, um zu sehen, ob sich eine Fahrt ins Venn lohnt. Draußen ist es nebelig. Die beste Zeit, um bei aufgehender Sonne ein paar schöne Landschaftsfotos zu machen. Aus Erfahrung weiß ich: man kann nicht gegen die Zeit anfahren – doch ich versuche es trotzdem und fahre zügig los. An der Borghorster Straße in Höhe Ahlintel fahre ich von Emsdetten kommend rechts ab und komme an den Wiesen am Max-Clemens-Kanal vorbei, bevor es über die Neuenkirchener Straße ins Moorgebiet geht. Doch als ich die Wiesen erreiche, ist der Nebel fort. Die Sonne schiebt sich langsam durch eine violette Wolkendecke am Horizont.

Balz: Nach der Ankunft der drei Wiesenvögel im Brutrevier werden Territorien gebildet, die vom Männchen mit spektakulären Balzflügen verteidigt werden. Die Uferschnepfe fliegt mit „grütto-grütto" Rufen in größerer Höhe vorbei, fliegt steil auf, rollt ihren Körper um die Längsachse und stürzt steil aus großer Höhe wieder herab.

Ein geschäftiges Treiben ist in der Luft. Ein wuchtelndes Geräusch ist zu hören, wenn der Kiebitz über die Wiesen fliegt und sich dabei auf die rechte oder linke Seite wirft, immer wieder „kiu-witt"-Rufe ausstoßend. Gebannt stehe ich auf dem Weg vor einem Graben und schaue dem Schauspiel zu. Nun steigt das Kiebitzmännchen hoch in den Himmel und stürzt dann tollkühn kopfüber, Pirouetten drehend, in die Tiefe. Kurz über dem Boden fängt es den Sturz mit seinen breiten Flügeln ab und landet mit ausgebreiteten Schwingen, so dass die weiße Unterseite kurze Zeit markant in der Wiese aufleuchtet. Ich habe gerade den Ausdrucksflug gesehen, der das Revier markiert und Weibchen beeindrucken soll, mich aber ebenso beeindruckt.

Plötzlich raschelt es im Gras am Grabenrand. Direkt vor meinen Schuhen schaut mich ein Iltis mit schwarzer Maske an. So plötzlich, wie er gekommen ist, verschwindet er wieder im Graben, als er seinen Irrtum bemerkt. Jetzt mache ich mir Gedanken. Die Wiesenvögel haben es nicht leicht. Iltisse und Rabenkrähen finden die Eier schmackhaft und die Küken werden leicht Beute von Bussard und Fuchs. Ein Festfressen für die Prädatoren. In den Zeiten, als es noch genügend Wiesenvögel gab, fiel ein Eierraub nicht so sehr ins Gewicht, aber heutzutage...

Die Kiebitze sind beschäftigt. Mit steifen Trippelschritten schreitet das Männchen auf das Weibchen zu, das Gefieder hat einen bronzenen Glanz in der Morgensonne. Es wippt mit dem Körper und senkt seinen Oberkörper nach vorne, als wolle es eine Nestmulde vertiefen. Dabei ist bei fast steil erhobenem Hinterteil deutlich die zimtbraune Färbung der Unterschwanzdecken sichtbar. Mit „witte-witte"-Rufen fliegen drei Uferschnepfen wie Düsenjäger im Formationsflug vorüber und landen nacheinander in der Wiese.

Dann erklingt ein melodischer Ruf, der etwas wehmütig klingt. Der klagende, flötende Gesang des Brachvogels. Er ist weit zu hören und läutet gewissermaßen die Fortpflanzungszeit im Frühling ein. Das Flöten geht in einen Triller über. Für mich gehört dieser „Gesang" untrennbar zu einer Moorlandschaft.

Noch in den 1990er Jahren konnte ich Kiebitz, Brachvogel und Uferschnepfe entlang der Wege sehr häufig beobachten. Aus dem Auto heraus konnten sie in unmittelbarer Nähe, z.B. auf Zaunpfählen oder auf der Wiese, in Ruhe angesehen werden. Gelegentlich saß auch schon mal eine Bekassine auf einem Zaunpfahl. Zu Fuß, als Spaziergänger, musste man mit einer Fluchtdistanz von ungefähr 50 bis 70 Metern rechnen, doch nah genug, um sie studieren zu können.

10 Jahre lang führte ich im Venn Malkurse mit Kindern durch. Für die Kinder war alles interessant, weil es genug zu entdecken gab. Kinder brauchen die Abwechslung. Sogar Kiebitzküken fanden wir gelegentlich in den Ackerfurchen. Das hat sich im neuen Millenium verändert. Durch die allgemeine Abnahme der Vogelzahlen und vermutlich durch das Anlegen von neuen, größeren Blänken im Innenbereich der Wiesen, welche die Watvögel, Gänse und Enten, anziehen, weitab von den Wegen, ist die Beobachtung nur noch mit dem Fernglas möglich und für Kinder nicht mehr so interessant.

Während der Brutzeit hat der Kiebitz ein metallisch grünes Federkleid in der Rückenregion, abgegrenzt am Flügelbug mit dunklen Violettönen. Stirn und Scheitel des Kopfes sind schwarz mit grünlichem Glanz und laufen in einer langen Haube aus, der sogenannnten Holle. Das Schwarz von Kehle und Brust vereint sich mit der grünlichen Oberseite. Unter den ziemlich großen Augen befindet sich ein dunkler Streifen, der vom Schnabel bis zu den Ohrdecken führt. Weibchen dagegen sind nicht ganz so intensiv gefärbt und haben eine kurze Holle und eine auf schwärzlichem Grund weißlich gefleckte Kehle.

Die Federkleider des Großen Brachvogels ähneln sich bei Männchen und Weibchen. Sie sind mit einem feinen Tarnmuster versehen. Die Musterung ist so komplex und filigran, dass ich beim Malen oft Schwierigkeiten habe, es realistisch auf die Leinwand zu bringen. Im Frühjahr ist das Federkleid der Altvögel kräftig ockergelb getönt und von dunkelbraunen Schaftstrichen durchzogen. Im Flug wird oft ein ansteigendes „tlü-ih" abgegeben. Das Männchen fliegt in die Höhe und setzt dann zum Gleitflug an. Große Brachvögel sind meistens reviertreu, so dass sich dieselben Partner über viele Jahre an ihrem angestammten Brutplatz treffen.

Die langbeinige Uferschnepfe ist für mich ein besonders schöner Vogel. Die „Königin der Feuchtwiesen" wird sie vom Ornithologen und Journalisten Andreas Barkow genannt. Brust, Hals und Kopf des Uferschnepfenmännchens sind im Frühjahr ziegelrot gefärbt. Dabei ist die Brust von schwarzen Querbändern überzogen. Auf dem Rücken haben Uferschnepfen im Brutkleid eine unterschiedliche Anzahl von orangegelben, schwarz gestreiften Federn, was manchmal den Eindruck eines unfertigen Prachtkleids erweckt. Der lange gerade Schnabel ist im Sommer von der Basis bis etwa zur Hälfte gelborange gefärbt, der Rest ist schwarz. Brust und Hals der Weibchen sind meist etwas blasser als beim Männchen.

Leider haben die Bestände der Uferschnepfen sogar im Emsland, in der sie lange Jahre zahlreich vertreten waren, seit den ausgehenden 1980er Jahren durch den Umbruch von Wiesen und Weiden für den Maisanbau stark abgenommen, was sich nach dem starken Boom von Biogasanlagen drastisch verschärft hat. Aktuell ist in den Feuchtwiesen des Emsdettener Venns kein Uferschnepfenküken hochgekommen. Das zeigt die dramatische Situation dieser Wiesenvögel.

Brut und Aufzucht der Küken: Ein erfolgreiches Brüten in Feuchtwiesen ist nur möglich, wenn zwischen der Bearbeitung der Wiesenfläche im zeitigen Frühjahr und erster Mahd genügend Zeit für das Heranwachsen der Jungen bleibt. Alle Wiesenlimikolen wie Kiebitz, Brachvogel, Uferschnepfe und Bekassine sind Bodenbrüter. Das Nest ist eine flache Mulde auf dem Boden, die mit getrockneten Pflanzenresten ausgepolstert wird. Angelegt werden die Mulden vom Männchen, das mehrere Nistmulden scharrt und dem Weibchen anbietet. Dieses sucht dann das geeignete Nest aus. Das Gelege besteht aus vier mit dunklen Flecken gesprenkelten Eiern. Die Eier werden etwa 27 Tage bebrütet. Kiebitzeier galten damals sogar als Delikatesse und wurden in Mengen gesammelt. In der niederländischen Region Friesland durften noch bis 2006 Kiebitzeier gesammelt werden!

Die Vögel brüten gut getarnt. Zudem verhalten sie sich sehr unauffällig, wenn sie ihr Nest mit großer Vorsicht verlassen oder aufsuchen, um keine Aufmerksamkeit zu erregen. Männchen lösen zeitweise die Weibchen beim Brüten ab. Die Küken sind Nestflüchter und verlassen das Nest bereits wenige Stunden nach dem Schlupf. Die rundlichen Kiebitzküken zählen zu den putzigsten Küken, die mir bekannt sind. Das plüschige Dunenkleid ist dunkelbraun gesprenkelt. Die großen Augen im abgerundeten Kopf fallen auf, verstärken die reizende Erscheinung. Ein weißes Nackenband und ein schwarzer Brustfleck auf weißer Unterseite verzieren das Dunenkleid. Sobald die Dunen getrocknet sind, läuft das Küken auf kräftigen Beinen hinter den Eltern her. Es ist früh in der Lage, bei Gefahr sogar zu schwimmen, wenn es nötig ist. Das Dunenkleid der Brachvogelküken ist auf dem Körper dunkel graubraun gefleckt auf rahmfarbenem Grund, die Kopfplatte ist schwarz, dazu eine dunkle Linie in Augenhöhe. Uferschnepfenküken sehen ähnlich aus, sind aber zierlicher. Dabei ist der noch kurze Schnabel gerade und bei Brachvogelküken ganz leicht abwärts gebogen.

Beide Elternteile kümmern sich um die Aufzucht der Küken und führen diese, bis sie flügge werden, umsichtig durch die Landschaft. Die Kleinen verstehen es meisterlich, sich bei Gefahr zu ducken und zu verstecken. Wer je versucht hat, in der Wiese ein Küken, das man zuvor noch gesehen hat, wiederzufinden, wird die Kunst der Tarnung bewundern. Man nähert sich dem vermeintlichen Ort und die Jungen sind wie vom Boden verschluckt.

Später werden die Küken von den Eltern gezielt in niedrige Vegetation geführt, was manchmal mehrere Umzüge nötig macht. Hat man die vier Jungen nach dem Schlupf entdeckt, sind nach einigen Tagen meist nur noch ein oder zwei Junge zu finden. Die Sterblichkeit in den ersten Tagen ist sehr groß. Zu viele Feinde halten Ausschau nach ihnen, Bussarde, Rabenkrähen, Iltis und auch der Fuchs. Der Verlust von Brutplätzen und zu geringer Nachwuchs führten ab Mitte des 20. Jahrhunderts zu großflächiger Bestandsabnahme. Zudem führen Veränderungen und Umstrukturierungen, dazu ein enormer Flächenverbrauch, zur Zerstückelung des Lebensraumes.

Kiebitzeltern versuchen Prädatoren oder Menschen mit vorgetäuschten Verletzungen irrezuführen. Der Vogel trippelt in geduckter Haltung mit einem hängenden Flügel weg, um die Aufmerksamkeit auf sich zu lenken und ein leichtes Beutetier vorzutäuschen – nur um im nächsten Moment hoch aufzusteigen und den Eindringling lautstark zu attackieren. Bei Störungen werden Feinde mutig durch die Wiesenlimikolen angegriffen.

Ist ein Feind in Sicht, wird er beispielsweise von der Uferschnepfe durch aggressive und atemberaubende Luftangriffe attackiert und abgewehrt. Dabei helfen andere Uferschnepfen. Vor allem Kiebitze beteiligen sich oft an den Flugmanövern. Es ist dann ein ziemliches Durcheiander in der Luft, unterstützt durch laute Warnrufe. Das konnte ich zum Beispiel immer dann erleben, wenn eine Rohrweihe oder ein Bussard das Brutgebiet überquerte.

Ein Erlebnis ist mir besonders in Erinnerung geblieben: Aus dem Auto heraus beobachtete ich eine auf dem Zaun stehende Bekassine, minutenlang ihre leisen „tücketücke"-Balzrufe ausstoßend. Plötzlich stürzte sie weg und es erhob sich ein ziemliches Gezeter hinter mir in der Luft. Mehrere Uferschnepfen und Kiebitze versuchten, einen „Feind" zu verdrängen. Von weitem sah ich einen Mann auf dem Weg mit einem mittelgroßen Hund, der ruhig „bei Fuß" ging. Eine andere Störungsquelle war möglich, ich konnte jedoch nichts anderes erkennen. Noch minutenlang, nachdem sich beide entfernt hatten, war die Unruhe zu spüren. Jetzt nahmen zwei Kiebitze Uferschnepfen am Boden ins Visier. Immer wieder flogen sie dicht über die Köpfe der Uferschnepfen hinweg. Dann entdeckte ich den Grund: Die Uferschnepfen, die sich bei jedem Anflug duckten, führten drei Küken und waren vor lauter Aufregung versehentlich in das Revier der Kiebitze eingedrungen.

Ein solches Verhalten zeigt deutlich, wie empfindlich das Gefüge dieser Lebensräume ist – und wie wichtig es ist, in sensiblen Zeiten Rücksicht zu nehmen. Hunde sollten während der Brut- und Setzzeit unbedingt angeleint sein. Zu groß ist die Gefahr, dass selbst ein friedlicher Spaziergang zum Stressfaktor für brütende Vögel und deren Nachwuchs wird.

Wieder auf Reisen: Mit etwa fünf bis sechs Wochen sind die Jungen flügge. Nachdem die Vogeleltern die Brutsaison beendet haben, sind die meisten wieder auf Reisen. Gegen Ende Juni sind sie aus dem Brutrevier verschwunden und sammeln sich zu Trupps. Es kommt zu einem Frühsommerzug mit großen Ansammlungen im Juni bis Mitte Juli. Erfolglose Weibchen ziehen manchmal schon im Mai weg. An der Küste oder an Seen im Inland kann man dann zahlreiche Kiebitze beobachten, bevor sie im Herbst in die Winterquartiere ziehen.

Im Juni verlassen auch die Brachvögel die Feuchtwiesen und ziehen zur Mauser an die Küste. Überall kann man dann im Watt kleine gemusterte Federchen finden. Ein Teil der Weibchen zieht schon mehrere Tage nach dem Schlupf der Küken in den ersten Junitagen fort. Das war mir damals nicht klar, denn ich wunderte mich jedesmal, wenn ich meinen Freund, den Maler Claus Rabba, im Juni oder Juli an der Küste besuchte, dass ich am Spülsaum des Jadebusens Schwärme von Brachvögeln, oft vergesellschaftet mit anderen Watvögeln, sehen konnte. Im Wasser stehend sind sie so sicher vor dem Fuchs während sie schlafen. Im Watt und auf den küstennahen Wiesen suchen sie dann ihre Nahrung, um für den späteren Weiterflug gerüstet zu sein.

Viele Brachvögel ziehen an der französischen Küste entlang, wo nach wie vor Jagd auf sie gemacht wird. Es werden zwar nicht mehr Tausende jedes Jahr geschossen, wie noch vor wenigen Jahren, aber die illegale Jagd in Europa ist noch nicht beendet. Ein „Vetter" des Großen Brachvogels gilt seit 1996 als ausgestorben! Der kleinere Dünnschnabelbrachvogel, der im mittleren Sibirien gebrütet hat, wurde auf seinem Zugweg im Herbst über die Türkei, Griechenland und Italien zu Tausenden geschossen. Im Archiv des Naturkundemuseums Münster konnte ich im vorigen Jahr Studien von zwei Präparaten dieser mittlerweile ausgestorbenen Vogelart machen.

Der Kiebitz überwintert hauptsächlich an der Atlantikküste oder in der Mittelmeerregion, Uferschnepfen verbringen den Winter in den Küstengebieten von Senegal, Gambia und Guinea. In den Mooren am Dümmer sind immer wieder Uferschnepfen in unmittelbarer Nähe zu sehen. Einige Vögel tragen an jedem Bein drei Ringe mit unterschiedlichen Farben. Zweimal schickte ich Fotos von beringten Uferschnepfen an die Biologische Station. Eine Nachricht lautete: *„Das ist die einzige Feststellung des Vogels in 2023!!! Die Fotos sind sehr wertvoll und zeigen deutlich die Ringnummer!“* Die andere der gemeldeten Uferschnepfen wurde in Mali wieder gesichtet. Diese Mitteilung hatte für mich fast etwas Persönliches: *„Vielen Dank für die Meldung der beringten Uferschnepfe. Das ist unser Sendervogel „Marcellina“!! Der Vogel ist aktuell in Mali.“*

Uferschnepfe

Steinkauz, Bleistift/Aquarell, 47 x 37 cm

Bekassine, Bleistift/Aquarell, 47 x 37 cm

Rohrweihe, Bleistift/Aquarell, 47 x 37 cm

Uferschnepfe, Bleistift/Aquarell, 47 x 37 cm

Enten, „Kehlchen", Rohrweihen und andere Moorbewohner

An einem Tag fahre ich direkt ins Moorgebiet und parke meinen Wagen in der Nähe des Aussichtsturms. Von da führt ein Weg an den Torfstichen vorbei und geht nach etwa einem Kilometer in den Umringweg über. Eine Goldammer am Weg begrüßt mich. Das Gefieder der Goldammer, vor allem der Kopf, ist kräftig gelb gefärbt. Darüber liegen dunkelbraune Streifen. Der Rücken ist graugrün mit dunkelbraunen Schaftstrichen. Weibchen und Jungvögel sind bleicher gefärbt. Entlang des ungefähr einen Kilometer langen Weges singen noch zwei weitere Goldammermännchen.

Plötzlich höre ich im Venn hoch in der Luft einen eigenartigen Schrei, den ich zunächst nicht einordnen kann. Im tiefen Blau des Himmels sehe ich einen kleinen hellen Fleck in Abständen aufblitzen. Schnell ist das Fernglas vor Augen. Ich vermutete einen Greifvogel, der sich um seine eigene Achse drehte und taumelnd der Erde zuflog. Wenn sich der Vogel drehte, blitzte für den Bruchteil einer Sekunde die einen Moment sonnenbeschienene helle Unterseite auf. Beim Näherkommen erkannte ich, dass es sich um ein Rohrweihenmännchen handelte, das seinen Balzflug vorführte. Um mich herum vergaß ich alles; ich fragte mich nur, wie es mir gelingen könnte, das gerade Erlebte, diese gesamte Dynamik des Balzflugs, in einem Bild festzuhalten. Einen Fotoapparat besaß ich damals noch nicht, auch einen Skizzenblock hatte ich nicht dabei, aber noch Tage später schwirrten mir die Bilder im Kopf herum und ich gab mir dann alle Mühe, das Gesehene zu Hause skizzenhaft festzuhalten. Erst Jahre später, mit mehr Erfahrung, traute ich mir zu, diese Szene in einem Aquarell abzuhandeln.

Rohrweihenmännchen beginnen die Balz nach der Ankunft im Brutrevier im April. Sie schrauben sich in grosse Höhe und stürzen trudelnd herab. Das Weibchen kommt von unten entgegen und kurz bevor sie sich treffen, wirft sich das Weibchen auf den Rücken und streckt ihm die Beine entgegen. Anschließend trudeln sie dann, ineinander verhakt, zu Boden. Rohrweihen sind bussardgroß. Das Weibchen ist durchgehend schokoladenbraun mit cremeweißem Kopf. Das Männchen ist kleiner und sehr kontrastreich wirkend; Kopf hellgelblich, Brust variiert in Rostbrauntönen, die braunen Flügel haben ein ausgeprägtes blaugraues Feld. Der Schwanz ist hellgrau. Rohrweihen sind kräftig und erbeuten Kleinsäuger, Amphibien, Jungvögel von Enten und auch mal ein Blässhuhn. Im August verlassen uns die Rohrweihen wieder. Aktuell 2025 waren mehrere Rohrweihen am 12.8. auf dem Zug. Dafür suchen im Winter gelegentlich Kornweihen das Moor oder die Wiesen nach Beute ab. Es handelt sich um Gäste aus dem Norden, die hier überwintern.

Linker Hand am Turmweg sind mehrere Torfstiche. Auf mittlerer Höhe des Weges liegt ein größerer Torfstich, fast schon ein See. Darauf schwimmen einige Enten. Enten gibt es zahlreich sowohl auf den Blänken in den Feuchtwiesen als auch im Hochmoor. Stockenten sind dort, außer bei Frost, immer zu finden. Man muss sehr langsam gehen, damit die Enten nicht auffliegen, manche sind sehr unruhig, vor allem Krickenten. Sie fliegen sofort bei Störung auf. Am Uferrand liegt versteckt eine Löffelente. Der weiße Teil ihres Federkleides ist weithin zu sehen und steht im starken Kontrast zum rotbraunen Bauch und den Flanken. Diese Gründelente hat die Größe einer Stockente und wirkt fast bunt. Wie der Name schon signalisiert, ist der Schnabel löffelartig verbreitert. Mit diesem filtriert sie ihre Nahrung, Plankton und andere kleine Wasserlebewesen an der Wasseroberfläche. Die Weibchen sehen im Gefieder der Stockente ähnlich. In der Nähe liegt ruhig eine Schnatterente. Sie ist ebenso groß und unscheinbar in unterschiedlichen schönen Grautönen gefärbt, mit leichter Strichelung. Im Flügelspiegel ist ein weißer Fleck. Diese Gründelente ernährt sich überwiegend vegetarisch von Wasserpflanzen, Gräsern und Sämereien.

Am nächsten Torfstich schwimmen vier kleinere Enten, zwei Enten sind schwarz mit weißgefärbten Flanken. Die anderen beiden Enten sind im gesamten Gefieder dunkelbraun. Auffallend ist ein herabhängender Nackenschopf. Dieser hat der Ente den Namen gegeben, nämlich Reiherente. Reiherenten gehören zu den Tauchenten, die Muscheln, Schnecken und Insektenlarven tauchend aus dem Wasser holen. Die beiden braunen Vögel sind die Weibchen. Nun fällt mir in der Luft ein gleichmäßiges „krick-krick" auf. Krickenten, die kleinsten Gründelenten Europas, fallen ein. Die Krickente ist ein typischer Moorbewohner. Es ist erstaunlich, wie wendig diese kleine Ente im Flug ist, oft in Trupps zu mehreren fliegend, führen sie zackige Flugmanöver aus. Die kleinen Knäkenten und hübschen Spießenten sind während der Zugzeit in geringeren Zahlen eher an den Blänken in der Wiesenregion zu finden. Im Winter sind alle Enten auf der Moorfläche verschwunden, ein Teil zieht in den Süden, der andere Teil sucht sich Binnenseen im Inland.

Vor Jahren stand ich im Moor und sah plötzlich ein Düsenflugzeug, eine Fairchild A10 Thunderbold, im Volksmund „Panzerknacker"genannt, in Baumwipfelhöhe ziemlich langsam über die Vennmitte fliegend, so dass man den Kopf des Piloten deutlich erkennen konnte. Dutzende von Krick- und Stockenten flogen im Zentrum des Moores auf, ein wildes Durcheinander. Dann bildeten sich Gruppen, die mehrmals große Kreise zogen. Deutlich quirliger und scheinbar schneller flogen die kleineren Krickenten. Langsam beruhigte sich alles und die Enten landeten wieder, als die Maschine am Horizont verschwunden war. Ich hätte nie erwartet, dass sich im Moor so viele Enten aufhalten, man sieht ja immer nur ein paar.

Weiter geht es an den Torfkuhlen entlang. Gegenüber steht in der Wiese eine kleine Feldscheune. In dieser fand ich einmal einen jungen Kuckuck, der von einer Bachstelze aufgezogen wurde. Jahre vorher waren auf dem Dachfirst Steinkäuze zu sehen.

In der Heideregion erkenne ich von Weitem einen hellen Fleck Mit dem Fernglas sehe ich ein Braunkehlchen, das sich auf dem Zug befindet und hier Rast macht. Vor 30 Jahren sah ich zum ersten mal Braunkehlchen. Drei dieser hübschen Vögel entdeckte ich im April auf dem Stacheldrahtzaun in den Wiesen am Max-Clemens-Kanal. Die Vögel sind sperlingsgroß, mit kurzem Schwanz. In Abständen stießen sie auf den Boden, um ein Insekt zu fangen und flogen wieder auf den Zaun. Braunkehlchen gehören für mich, ebenso wie die anderen drei „Kehlchen" im Venn, zu den anmutigsten Singvögeln. Der Kopf ist beim Männchen dunkelbraun, von helleren Federn in der Ohrgegend durchzogen, eingerahmt mit weißlichem breiten Überaugenstreif und weißem Bartstreif. Die Brust ist unterschiedlich rostorange. Weibchen haben kein so dunkles Gesicht. Das Braunkehlchen brütet nicht im Venn, es ist überall selten geworden. Die intensive Graswirtschaft, verbunden mit häufigem Mähen, dazu der Einsatz von Düngemitteln, haben die Artenvielfalt der Blumenwiesen verringert und somit auch das Angebot unterschiedlicher Insekten. Die drei Vögel waren auf dem Zug in die Brutreviere und machten einige Tage Rast. Sie haben im tropischen Afrika überwintert und haben nun als Langstreckenzieher Tausende von Kilometern hinter sich. In den Folgejahren konnte ich mich gelegentlich an diesen hübschen Vögeln erfreuen, wenn ich zum richtigen Zeitpunkt an Ort und Stelle war. Auch im Moorgebiet habe ich sie in der Heideregion während des Zuges einige Male angetroffen, ebenso wie die hübschen Steinschmätzer. Die Männchen dieser Art haben eine schwarze Maske. Im Flug fällt deutlich die weiße Zone auf, die sich vom Bürzel über die halbe Schwanzlänge erstreckt. Steinschmätzer sind während der Zugzeit auf Äckern, offenen Grasflächen oder Heide zu finden. Als ausgesprochene Bodenvögel meiden sie Büsche und Sträucher.

Krickente, Bleistift/Aquarell, 47 x 37 cm

Schwarzkehlchen, Bleistift/Aquarell, 47 x 37 cm

Das Schwarzkehlchen gehört zur gleichen Familie der Fliegenschnäpper. Es ist Brutvogel im Moorbereich des Venns und manchmal noch im Oktober in der Moorregion zu beobachten, bevor es auf dem Zug in die Mittelmeerregion startet. Die Männchen haben einen schwarzen Kopf, einen schwarzen Rücken mit heller gerandeten Federn und eine rostorangene Unterseite. Mit einem weißen Halsstreifen und weißen Stellen im Flügel sind sie sehr kontrastreich gefärbt. Die Weibchen sind unscheinbarer, bräunlicher. Häufig wippt das Schwarzkehlchen, auf dem Zaun sitzend, mit dem Schwanz. Erstmals entdeckte ich Schwarzkehlchen am Ende der rechtsseitig gelegenen Wiese mit Feldscheune auf dem Pfad am Aussichtsturm. In den Folgejahren auch im Moorbereich. Von exponierten Stellen erspäht der kleine Singvogel Insekten, denen er dann auf dem Boden nachstellt. Ausgewachsene Jungvögel fand ich im Sommer gelegentlich in den Sträuchern am Wegrand. Einmal gab es eine interessante Begegnung im Schwarzkehlchenrevier, als ich wieder nach den vier Jungvögeln sehen wollte, die mittlerweile flügge waren.

In der Ferne sah ich undeutlich explosionsartige Bewegungen am Boden. Beim Näherkommen entpuppte es sich als ein Wiesel, das unentwegt, wie ein Kobold, vorm Zaun mit behänder Geschwindigkeit auf- und absprang. Auf dem Stacheldraht saßen aber nicht die Schwarzkehlchen, wie ich anfangs annahm, sondern flügge Baumpieper mit ihren Eltern. Mit Scheinangriffen versuchte das Wiesel, einen unvorsichtigen Vogel zu erhaschen. Die Jungvögel waren verständlicherweise sehr nervös, die Altvögel warnten aufgeregt. Ich beobachtete das Schauspiel minutenlang. Irgendwann gab das Wiesel auf. Jahre später konnte ich drei jungen Wieseln beim Spiel auf dem Weg zusehen. Sie tollten herum und balgten sich. Vom Wiesel oder Hermelin ist bekannt, dass es sein Fell im Winter dem Schnee anpasst. Es ist dann schneeweiß.

Mitte der 1990er Jahre war ich mit einigen Künstlern während des Sommers im Venn. Einer dieser Künstler lief ins Moor hinein und obwohl ich ihn zurückrief, ging er einige Schritte weiter. Er hatte ein Blaukehlchen entdeckt. Bislang hatte ich dort keine Blaukehlchen gesehen. Die Kehle dieser ausgesprochen schönen Vögel ist leuchtend himmelblau mit einem kleinen weißen Fleck. Die Basalhälfte des Schwanzes ist rötlichbraun. An verschiedenen Orten konnte ich das Blaukehlchen gelegentlich im Venn aufgrund des Gesangs finden, denn oft ist es im Gestrüpp nur schwer zu entdecken, weil es ziemlich versteckt lebt. Der variable Gesang ist schwer zu „übersetzen"; fein klingende, teils klirrende und knirschende Töne, oft von exponierten Warten hastig vorgetragen. Einmal beobachtete ich den kleinen Vogel im Schlamm, am Rand einer fast ausgetrockneten Torfkuhle gegenüber dem Aussichtsturm. Deutlich hochbeinig, mit herabhängenden Flügeln machte es sich aufrecht lang, als wolle es sein Gefieder im Schlamm nicht befeuchten. Dabei wippte es zuckend mit dem Schwanz und pickte, mal hier, mal da, ein Insekt vom Boden auf.

Ein weiteres „Kehlchen" ist das ganze Jahr über im Venn. Im zeitigen Frühjahr ist regelmäßig am Eingang des Moores der perlende Gesang des Rotkehlchens zu hören. Dieses anmutige Vögelchen mit rundlicher Form und orangeroter Brust ist wohl jedem Gartenbesitzer bekannt, weil Rotkehlchen nicht nur im Wald und in Hecken, sondern auch in Gärten zu Hause sind. Im September/Oktober erklingen wieder einige Gesänge im Venn. Das Rotkehlchen gehört zu den wenigen „Herbstsängern".

Auf meinem weiteren Weg ist nun in der Luft ein vibrierendes Brummen zu hören. Es wird durch Luftvibrationen an den äußeren Schwanzfedern erzeugt, wenn eine Bekassine bei ihrem Balzflug aus großer Höhe hinabstürzt. Nur amselgroß gehört sie zu den Schnepfenartigen. Hervorstechendstes Merkmal sind kurze Füße und ein extrem langer, gerader Schnabel. Am Boden ist sie wegen ihres Tarngefieders kaum zu entdecken. Dass sie im Venn lebt, merkt man auch dann, wenn sie bei einem Gang durchs Venn im Herbst direkt vor einem wie hinauskatapultiert mit einem scharfen „rätsch“ auffliegt. Ich beobachte den wellenförmigen Balzflug noch eine Weile und trete dann den Rückweg an.

In Höhe des Aussichtsturms ist ein brodelnder lauter Triller mehrmals hintereinander zu hören. Diesen Ruf kannte ich nicht und entdeckte erst später den Verursacher. Einen kleinen rundlichen, ziemlich dunkel kastanienbraun gefärbten Vogel im Wasser, der bei der kleinsten Bewegung blitzartig abtauchte und kurz darauf in einiger Entfernung wieder auftauchte: Der Zwergtaucher. Im dichten Gestrüpp mit dünnen abgestorbenen Bäumen am Anfang des Lehrpfads fühlte er sich offensichtlich wohl. Später konnte ich auch die dunklen, gestreiften Küken beobachten und Ludwig Klasing hielt sie sogar fotografisch fest, als sie auf den Rücken der schwimmenden Mutter geklettert waren. Bei jedem Gang ins Moor hörte ich nun den Balztriller dieser äußerst wachsamen Vögel während der Brutzeit. Zwergtaucher waren auch am Ende des Lehrpfades zu hören. Als das Gestrüpp aus diesem Torfstich entfernt wurde, zogen die dort lebenden Zwergtaucher fort, so dass im Venn nur noch ein Paar blieb. Seit den trockenen Jahren 2018, 2019 und 2020 sind sie auf den kleinen Torfseen nicht mehr zu hören. Schade, es hatte immer Spass gemacht, sie zu überlisten. Man musste an der richtigen Stelle absolut stillstehen und sich sozusagen „klein“ machen oder hinter Blättern verstecken, dann konnte man sie eine Zeitlang beobachten.

Im Bruchwald

Bekassine

Im April beschliesse ich an einem Tag, den Bruchwald aufzusuchen. Auf der feuchten Torfschicht dominiert die Moorbirke. Immer wieder liegen Stämme und Äste quer. Es gibt hier kein Unterholz, das ist ein Vorteil. Der Boden ist uneben, feucht. Das Moos federt unter den Schuhen. Dann treffe ich auf eine Steilkante von einem halben Meter Tiefe. Hier war einmal eine kleine Torfgrube, heute mit Moos überwuchert. Viele Stämme und Stämmchen sind kahl, schon abgestorben. Ein alter großer Baumstamm ist umgestürzt. Eine junge Salweide wächst daneben und belebt den Blick durch ausgeschlagene gelbe Weidenkätzchen. In den Ästen turnen zwei Sumpfmeisen. Es ergeben sich wunderbare Motive und ich denke auf dem Heimweg darüber nach, wie ich diesen Anblick in einem Gemälde umsetzen kann.

An einem anderen Tag möchte ich tiefer in diesen Wald eindringen. Der Weg, der noch vor einem Jahrzehnt begehbar war, ist jetzt mit Brennesseln und Gestrüpp zugewachsen. Dort ist kein Durchkommen, also muss ich durch den Busch. Manchmal sind dünne Erlen- und Birkenstämme so eng gewachsen, dass man sich hindurchkämpfen muss. Und dann erlebe ich eine Überraschung: Der Anblick ist beeindruckend; eine große niedrige Wasserfläche. Weiße und graue Birkenstämme spiegeln sich darin. Unten in Wurzelnähe sind sie mit Moos bewachsen. Durch einen Dunstschleier wirkt diese bläuliche Umgebung märchenhaft. Die helle graublaue Wasserfläche ist immer wieder vom Grün der Moose und Gräser unterbrochen, malerisch! Und dann kommt langsam die Sonne durch! Der Anblick scheint mir unwirklich zu sein. Ich geniesse alles eine Weile und trete dann den Heimweg an. Nach einigen Jahren der Trockenheit ist der Zauber verschwunden. Es ist unmöglich, so eine Szene in einem Ölgemälde umzusetzen, zu leicht würde so ein Gemälde auf den Betrachter kitschig wirken, vor allem, wenn dieser eine ähnliche Situation nie erlebt hat.

Vor einigen Jahren hörte ich in diesem Bereich die Balzrufe eines Habichtspaares. Im Bruchwald leben neben verschiedenen Meisenarten auch Spechte und Waldschnepfen.

Die Waldschnepfe ist ein geheimnisvoller Vogel. Sie ist schwer zu finden, weil sie ein wirkungsvolles Tarngefieder besitzt. Gelegentlich habe ich sie im Laufe der Jahre im Frühling in der Abenddämmerung gesehen, wie sie über einer Fichtenschonung eulenartig fliegend gegen den Himmel als Silhouette erkennbar war. Während des Balzfluges fliegt das Männchen mit ruckartigen Flügelschlägen und man hört deutlich „quorr-Laute", die mit einem hellen „pfuiz" enden. Der Frühjahrszug ist als „Schnepfenstrich" bekannt.

Einmal entdeckte ich eine Waldschnepfe im Herbst spätabends am Straßenrand im Scheinwerferlicht. Sie war vermutlich angefahren worden. Ich nahm sie mit und untersuchte sie zuhause. Für kurze Zeit hatte ich nun ein wundervolles Studienobjekt. Die Waldschnepfe ist fast taubengroß, hat eine rundliche Gestalt und einen langen geraden Schnabel. Auffallend sind die Augen, die an den Kopfseiten ziemlich hinten stehen. Sie geben dem Vogel ein Sichtfeld von 360 Grad. Das Gefieder ist rostbraun mit schwarzen Flecken und weißlichen Randstreifen auf dem Rücken und Streifen auf der hellen beigen Unterseite. Jedes einzelne Federchen ist filigran gemustert. Die Waldschnepfe verhielt sich ruhig. Äußere Verletzungen konnte ich nicht feststellen. Vermutlich hatte sie eine Gehirnerschütterung. Sie wurde über Nacht in einem Karton dunkel gehalten. Als ich sie am nächsten Morgen aus dem Karton holte, wirkte sie sehr lebendig, sie schien wieder fit zu sein und ich ließ sie an der Fundstelle wieder frei.

Kraniche im Venn

Das Emsdettener Venn war schon häufig Anziehungspunkt für Kraniche während der Zugzeit und im Laufe des Jahres auch gelegentlich für vermutlich vagabundierende Junggesellen. In der Emsdettener Volkszeitung war am 27.9.1995 zu lesen: *„Im Frühling ´94 balzte zum ersten Mal der Kranich (...) Im vorigen Jahr haben sogar einige Kraniche für eine Woche Rast gemacht"*.

Während ein Teil der Vogelwelt im Bestand abnimmt, bleiben diese majestätischen Vögel immer häufiger im Venn. Kraniche leben heimlich, daher ist ihr Anblick dennoch selten. Aber sie sind da und verraten sich manchmal durch ihre Rufe.

Zum ersten Mal sah ich Kraniche 1991 auf dem Darß und auf Rügen. Diese Vögel konnte man vor der Wende in Westdeutschland nur fliegend während der Zugzeit sehen, wie sie in langen Linien in Keilform mit schnarrenden Trompetenstößen die Landschaft überflogen. Mit zwei weiteren Künstlern arbeitete ich für ein Buch über Kraniche. Von Schweden, über Deutschland, Frankreich, bis nach Spanien in die Extremadura geht die Reise der Kraniche und mit ihnen auch die der Künstler. Renommierte Maler aus verschiedenen Nationen beteiligten sich an diesem Projekt der ANF (Artists for Nature Foundation) und hielten den Kranichzug an bestimmten Treffpunkten malerisch fest.

Anfang des Jahrhunderts, an einem Junitag, kam ich aus dem Venn und fuhr über die Neuenkirchener Straße nach Hause. Aus den Augenwinkeln nahm ich einen großen Schatten wahr. In allen Einzelheiten konnte ich die Landung eines Kranichs in der Wiese wahrnehmen. Noch eine Stunde lang konnte ich ihn im hohen Gras beobachten. Im Hintergrund saß eine Uferschnepfe auf dem Zaunpfahl und beäugte anscheinend den großen Vogel. Später entzog sich der Kranich meinen Blicken.

Jahre später beobachtete ich in größerer Entfernung am südlichen Umringweg sechs Kraniche im Juni, außerhalb der Zugzeit, über mehrere Wochen. Vermutlich handelte es sich um Vögel, die keinen Partner hatten. Fast jeden Tag entdeckte ich sie bei der Nahrungssuche.

Kranich, Bleistift/Aquarell, 47 x 37 cm

Ein Anlieger des Venns hat die Kraniche in diesem Jahr (Frühling 2025) regelmäßig gehört; der fanfarenartige, trompetende Ruf erklang weithin übers Moor, so dass eine Brut im Venn möglich erscheint. Kraniche leben zurückgezogen, verhalten sich unauffällig und haben eine hohe Fluchtistanz, daher ist ein Anblick vor allem zur Brutzeit selten. Kraniche sind extrem sensibel und geben ihr Brutgeschäft bei Störung sofort auf. Sie brüten in störungsarmen, halboffenen Moorgebieten. Kraniche brauchen Gewässer als Schlafplatz und als Schutz ihrer Nester vor Fressfeinden. Daher liegt das Nest oft auf kleinen Inseln in nassen Flächen im Bruchwald. Die beiden nestflüchtenden Jungen werden von beiden Partern betreut.

Am 3. April 2025 ging ich abends gegen 18 Uhr wieder auf Beobachtungstour am Kranzbeerenweg. Zahlreiche Tierarten schienen sich versammelt zu haben. Manchmal hat man Glückstage, dann ist man zur richtigen Zeit an der richtigen Stelle. Vier Hasen saßen in der Sonne und dösten. Ab und zu sprang einer auf, dann der zweite und kurz verfolgte der eine den anderen. Das beobachtete ich längere Zeit, bis ein „Nordic Walker" des Weges kam, dann verschwanden sie auf den entfernten Acker. Im Hintergrund flöteten Brachvögel. Eine friedliche Stimmung an einem sonnigen Frühlingsabend, den ich sehr genoss. In der Ferne lagen viele Gänse auf der rechten Seite des Weges. Da es so viele Gänse im Venn gibt, schaute ich beim Näherkommen kaum hin. Doch dann stutzte ich: Aus den Augenwinkeln gesehen, war etwas anders. Der fokussierte Blick zeigte fünf Kraniche, Nahrung suchend zwischen der Ansammlung von liegenden Gänsen und einigen Stockenten, die im Gras lagen. Im Vordergrund mümmelten zwei Hasen, ein Bock zog vor den Kranichen hinter einer Ricke her und seitlich stand ein Brachvogel. Ein phantastisches Bild – bis ein Jogger die Querstrasse entlang lief. Die fünf Kraniche sammelten sich, nahmen Anlauf und flogen auf. Ein wundervolles Bild voller Eleganz. In der Luft machten sie einen Bogen und flogen vor den riesigen in der Ferne stehenden Windrädern vorbei zur südlichen Seite des Venns. Lange noch hatte ich das Bild der aufsteigenden Kraniche vor Augen. Zufrieden machte ich mich auf den Heimweg. Die Vögel des Glücks in „meinem" Venn! Vor einigen Jahrzehnten hätte ich mir so einen Anblick in meiner Region gar nicht vorstellen können.

In Japan sind Kraniche Sinnbild für ein langes glückliches Leben. Dennoch wurden Kraniche früher auf dem Lande verfolgt, wenn sie in den Feldern zu Schaden gingen und die Samen herauspickten. Zu Hunderten sammeln sie sich während der Zugzeit und schreiten majestätisch über die Felder. Heutzutage legen Landwirte und Naturschützer Ausweichflächen für die Fütterung an.

Sowohl die Schönheit der Kraniche als auch die Balzrituale mit dem eindrucksvollen Balztanz haben seit jeher die Menschen fasziniert. Auffallend sind der lange Hals und die langen Beine. Kopf und Hals haben eine schwarz-weiße Zeichnung, die dem Kranich ein edles Aussehen verleiht, dazu eine fast federlose, auffällige rote Platte auf dem Kopf. Diese kann sich bei Erregung vergrößern. Der graue Körper geht hinten in eine schwarze Schleppe über, die aus den verlängerten Schirmfedern der Flügel bestehen. Zur Brutzeit tarnen sich die Vögel, indem sie mit dem Schnabel den Rücken mit Schlamm einstreichen, der Rücken wirkt dann bräunlich. Ich hoffe immer noch, dass sie einmal in „meinem Venn" brüten werden und ich sie nach der Brut mit ihren Jungen ausfindig machen kann...

Daher ging ich am Abend des 8.8.2025 den Umringweg an der Südseite entlang um vielleicht die Kraniche zu entdecken. Dieser Weg ist noch naturbelassen, wie ich Feldwege von früher kannte; zwei nackte Sandspuren und in der Mitte kurzer Grasbewuchs. Der Weg schlängelt sich am südlichen Moorrand vorbei. Eine Stunde lang schaute ich in der Nähe des Beobachtungsstandes in Abständen durchs Fernglas, leider vergeblich. Ich gab auf und ging zum Aussichtsturm an der Nordseite des Moores. Ich schlenderte dort den Weg entlang, erfreute mich an schönen Blumen am Wegrand, wie Goldrute, Gilbweiderich, Sumpfhornklee, Zottiges Weideröschen, Wasserdost, Vogelwicke und Ackerdistel. Vor Jahren waren hier zu diesem Zeitpunkt viele farbenfrohe Schmetterlingsarten auf den Blüten, heute sah ich nur einige Weißlinge. Mehrere Namen dieser Blütenpflanzen sind mir zwischenzeitlich entfallen, aber heute gibt es dafür ja eine Pflanzen-App, und so konnte ich alle bestimmen. Als meine älteste Enkelin Jona eine Hausarbeit für den Biologieunterricht mit folgender Aufgabe bekam: „Im zeitigen Frühjahr 20 nichtgeschützte Blumen mit einer Pflanzen-App bestimmen, mitnehmen und ein Herbarium einrichten", erkannte ich den Wert des neuen Mediums und probierte es an diesem Tag erstmals aus.

Am Ende des Weges machte ich kehrt und trat den Heimweg an. Plötzlich gegen 19 Uhr ein „krruh, krruh", dann wieder Stille. Hatte ich mich verhört? Minuten später setzte ein lautes, anhaltendes Trompeten ein. Sie sind tatsächlich an der Stelle, an der ich sie vermutet hatte! Leider war eine Beobachtung auch mit dem Fernglas nicht möglich, weil Birkentriebe auf dem Moor die Sicht versperren. Hier wurden wohl nicht alle Birkensprösslinge im letzten Herbst gefunden. Dann war eine zeitlang Ruhe und später setzen leisere Laute ein, man könnte es eine „Unterhaltung" nennen. Alles dauerte insgesamt vielleicht 10 Minuten, dann war alles ruhig und beschwingt trat ich den Heimweg an.

Aktuell, im Oktober 2025, grassiert die Vogelgrippe unter den Kranichen. Tausende von Kranichen wurden entsorgt. Nun mache ich mir Sorgen und hoffe, dass ich im nächsten Jahr wieder Kraniche in meinem Moor hören und vielleicht auch sehen kann.

4.3 Sommer

Die Moorfläche liegt am Spätnachmittag da wie ausgestorben. Die Schwüle erschwert die Bewegungen. Es ist so eine seltsame Stille zu spüren. Die Trockenheit lässt die Binsen wie Inseln erhöht über der fast ausgetrockneten Schlammfläche stehen. Die ganze Moorfläche ist mit Birkensprösslingen übersät. Hier müssen die „Vienndüwels" und „Vennfüchse", wie die beiden Gruppen der Pflegekräfte des Moores hier genannt werden, im Herbst wieder tätig werden und entkusseln. Später höre ich in der Ferne das leise Schnattern von Stockenten.

In einer feuchten Senke finde ich im Schlamm Sonnentau. Erstaunlich, wie klein diese Pflanze ist. Es stehen zahlreiche Pflänzchen beieinander. Das Rot hebt sich vom Schlammgrund ab. Als fleischfressende Pflanze hat der Sonnentau eine interessante Strategie entwickelt: Die Fangblätter sind mit purpurroten Drüsenhaaren besetzt, die klebrigen Leimtröpfchen an der Spitze glitzern im Sonnenlicht wie Tau. Wird ein Insekt angelockt, kommt es aus den klebrigen Fängen nicht mehr heraus. Das Blatt rollt das Insekt ein und die Säfte verdauen es.

Jetzt sind am Turmwegrand leise Vogellaute zu hören: „tsip", es könnten einige junge Schwarzkehlchen oder Rohrammern sein, ich bin mir nicht sicher. Die Sträucher mit Zitterpappeln, Weiden und Faulbäumen sind dicht belaubt, daher sind die Vögel nicht zu sehen. Es ärgert mich ein wenig, wenn ich Rufe nicht sicher bstimmen kann – und doch genieße ich diesen sommerlichen Abend, der sich nach und nach etwas abkühlt und bleibe bis zur Dämmerung.

Auf dem Rückweg höre ich ein seltsames Geräusch – ein langanhaltendes schnarrendes Brummen, wie von einem alten Moped. Es reißt nicht ab. Vielleicht eine Nachtschwalbe. Ich erinnere mich an Beschreibungen. Der Ziegenmelker, ein dämmerungs- und nachtaktiver Vogel, trägt seine Rufe manchmal über Stunden vor. Erst ein Jahr später sah ich einen fliegenden Ziegenmelker in der Dämmerung, als er wie ein Schatten über der Moorfläche hin- und herflog, mal näher kam oder sich entfernte. Die Silhouette erinnert an einen Kuckuck. Auch Flügelklatschen war zu vernehmen. Das Gefieder des amselgroßen Vogels ist getarnt und sieht aus wie eine Baumrinde. In der Vegetation kann man ihn kaum entdecken. Ziegenmelker ernähren sich von schwärmenden Insekten, zum Beispiel Nachtfaltern, die sie mit weit aufgerissenem Schnabel wie mit einem Kescher im Flug erbeuten. Jahre später wurde mir ein Totfund gebracht, den ich für meine Studien verwendete. Ich war berührt von der filigranen Tarnzeichnung.

Regelmäßig lässt sich im Venn der Mäusebussard sehen - ein mittelgroßer, eher schwerfällig wirkender Greifvogel. Wenn über Ihnen ein Ruf erklingt, der wie ein langgezogenes „piiäh" klingt, lohnt sich der Blick nach oben. Oft kreist dann ein Bussard hoch über der Landschaft. Besonders im Frühjahr und Sommer kreist er oft am Himmel. Er lebt von Kleinsäugern, Amphibien und jungen Vögeln.

Auch kleinere Raubtiere und Füchse bewohnen das Moorgebiet. An einem Morgen in den 1990er Jahren staunte ich nicht schlecht, als sich das Wollgras an der Wasserkante eines Torfstichs teilte und eine abgemagerte Fuchsfähe mit nur einem jugendlichen Welpen „die Bühne" betrat. Ein einzelner Welpe ist ungewöhnlich, weil die durchschnittliche Wurfgröße bei vier bis sechs Welpen liegt. Wo hatten sie in dieser feuchten Umgebung ihren Bau? Beide standen eine Weile unschlüssig im Schlamm des fast trockenen Torfstichs. Der Welpe berührte die Nase der Mutter und nach einer Weile verschwanden sie wieder zwischen dem Wollgras.

Im Hintergrund ist an einem heißen Nachmittag das eintönige Brummen eines Mäh-

Sommer im Venn, Tempera 25 x 44 cm

dreschers zu hören. Auch das gehört zum Sommer. Das Kornfeld ist fast abgemäht. Es ist ein Geruch, den ich in die Nase bekomme, der mich augenblicklich durch Raum und Zeit zurückversetzt und der an bestimmte Momente im Leben erinnert. Es wird etwas lebendig heraufbeschworen, das ich längst vergessen hatte: In meiner Jugend half ich wiederholt bei der Ernte. Das Getreide wurde damals mit der Sense gemäht und die Halme zu Garben gebunden und zum Trocknen aufgestellt. Ich erinnere mich, dass nachmittags Pause gemacht wurde und den Helfern Kaffee und Rosinenbrot gebracht wurde. Mit Heißhunger fielen wir darüber her und verzehrten das köstliche Brot, begleitet vom Geruch des gemähten Korns. Später wurde das Korn auf Wagen transportiert und auf dem Hof gedroschen. Ein Mähdrescher erledigt heute alles in einem Arbeitsgang. Störche folgen ihm und warten darauf, dass kleine Tiere, wie Frösche und Mäuse, aufgescheucht werden.

Auch ein kleiner Falke wittert seine Chance. Rüttelnd steht er an einer Stelle in der Luft. Flügelschlagend steht der Turmfalke mit gefächertem Schwanz längere Zeit auf einer Stelle. Dann kippt er etwas tiefer und rüttelt weiter. Plötzlich stösst er auf den Boden herab und fliegt mit einer Maus in den Fängen ab. Der Turmfalke ernährt sich hauptsächlich von Wühlmäusen und anderem Kleingetier. Der Bestand schwankt, weil er abhängig ist vom Nahrungsangebot. In mäusereichen Jahren gibt es wieder mehr Turmfalken. Die Männchen haben ein schönes rötliches Rückengefieder mit kleinen schwarzen Flecken und einen hellen graublauen Kopf und einen ähnlich gefärbten blaugrauen langen Schwanz mit schwarzer Endbinde. Die Weibchen sind auf rotbraunem Gefieder auf der Oberseite mit dichten dunkelbraunen Querstreifen versehen. Die schwarzen Augen und der schmale Backenstreif darunter machen sie als Falken erkennbar.

An einer Brutröhre in den Wiesen am Max-Clemens-Kanal hatte ich Steinkäuze in der Eiche entdeckt. Der Steinkauz gehört zu den kleinsten Eulen. Wegen seiner geheimnisvollen Rufe „komit" war er damals bei der Landbevölkerung als Totenvogel bekannt. Dabei ist er ein lustiger Geselle, wie ich finde, der koboldhaft den Kopf hin und her bewegt und so sein Gegenüber fixiert. Dabei verbeugt er sich ruckartig und zuckt mit dem Schwanz. In einem Jahr zog ich einen Turmfalken und einen Steinkauz auf, die ich zeitweise mit ins Atelier nahm. Der kleine Steinkauz machte sich einen Schabernack daraus, den Turmfalken seitlich am Schwanz zu ziehen, wenn dieser am Fleisch eines Eintagshähnchens riss, bis der Falke das Fleisch fallen ließ. Steinkauzpaare leben in Dauerehe. Das Weibchen brütet und das Männchen schafft das Futter herbei. An der Brutröhre in den Feuchtwiesen konnte ich über längere Zeit beobachten, wie ein Schwarm Dohlen dem kleinen Steinkauzmännchen das Leben schwer machte. Sobald der Steinkauz aus der Röhre flog, wurde er verfolgt. Ich hoffte, dass er wenigstens in der Dämmerung und nachts seine Ruhe hatte und die Jungen versorgen konnte.

Auch die Waldohreule lebt im Venn, aber da sie nachtaktiv ist, wird man sie kaum zu Gesicht bekommen. In manchen Jahren hört man die klagenden Bettelrufe der Jungvögel. Einen fast ausgewachsenen Jungvogel fand ich eines Tages unten am Boden auf einer Baumwurzel. Ich fotografierte ihn von allen Seiten und entfernte mich dann. Aufgrund der Bettelrufe wissen die Altvögel genau, wo sich ihre Jungen befinden. Vermutlich war dieser Vogel etwas zu früh aus dem Nest gestartet. Der Revierjäger Paul Osterbrink teilte mir mit, als wir uns einmal trafen, dass er seit einigen Jahren während der Balzzeit im zeitigen Frühjahr das dumpfe „buhoo" des Uhus während der Dämmerung gehört habe. Der Ruf trägt bis zu einem Kilometer weit. Der Uhu ist die größte Eule Europas. Ob er im Venn gebrütet hat, ist mir nicht bekannt.

Am Moorlehrpfad erlebe ich an einem Tag im Juli eine Überraschung: Auf dem hohen, schmalen, abgestorbenen Baum sehe ich im Gegenlicht als Silhouette einen Vogel sitzen, den ich zunächst als einen Turmfalken anspreche, allerdings scheint mir der Schwanz zu kurz für einen Turmfalken. Als ich das Fernglas zu Hilfe nehme, erkenne ich den Baumfalken. Ich freue mich, denn diesen Vogel finde ich nicht so oft. Es ist ein eleganter Falke mit langen, fast sichelartigen Flügeln im Flugbild. Die Oberseite ist schiefergrau, die Brust auf weißlichem Grund mit schwarzbraunen Längssteifen versehen. Bei Altvögeln ist die Beinbefiederung kontrastreich rostrot. Dieser schnittige Vogel ist ein Jäger im Luftraum, der sogar in der Lage ist, Lerchen, Schwalben und Mauersegler zu erbeuten. Aber er verschmäht auch große Insekten nicht. Bekannt ist er im Moorgebiet als Libellenjäger. Das konnte ich einige seltene Male für eine Weile beobachten, wie der Falke mal hoch in der Luft, aber auch niedrig über der Wasserfläche jagte. Irgendwann hatte er eine Libelle gefangen, hielt sie in einem Fang, führte die Libelle zum Schnabel und fraß sie in der Luft. Sein Horst war einige Jahre in einer Baumgruppe in den Vennwiesen. Dort hinein sah ich die Falken mehrmals mit Beute fliegen. Größeren Vögeln gegenüber sind Baumfalken sehr angriffslustig. Das konnte ich damals in Rheine erleben, als mein Freund seinen jungen Beizhabicht im Juli oder August in der Nähe eines Wäldchens auf einen Zaunpfahl setzte, um mit ihm zu üben. Sofort schossen zwei Baumfalken aus dem Wald und griffen wechselseitig an, bis sich der Junghabicht entnervt auf den Boden setzte. Fassungslos standen wir noch eine Weile dort.

4.4 Herbst

Der Altweibersommer hat Einzug gehalten - eine spätsommerliche Schönwetterperiode. Noch sind die Tage warm. Durch die großen Temperaturschwankungen von Tag und Nacht ist eine starke Laubverfärbung zu beobachten. In Kanada wird diese Zeit von Mitte September bis Mitte Oktober, in der sich die Blätter der Bäume in leuchtenden Farben verfärben, als Indian Summer bezeichnet. Jetzt ist die Zeit der Spinnen. In der Heideregion sieht man die Netze vor allem morgens, wenn Tautröpfchen die Spinnweben sichtbar machen. Es ist die Zeit der Nebelstimmungen. Manche Zugvögel treffen sich, um in der Gruppe oder im Schwarm die Reise in den Süden anzutreten. Nun geht es wie im Frühjahr zu, nur in andere Richtung und alles läuft ruhiger ab.

Ende August traf ich eine kleine Ansammlung von Waldwasserläufern, die sich auf den Flug in die Winterquartiere vorbereiteten. Die Vögel standen im seichten Wasser. Sie kommen aus Skandinavien, wo sie im Gegensatz zu ihren am Boden brütenden Verwandten in den Nestern anderer Vogelarten in Bäumen gebrütet haben. Im Wegfliegen fällt das leuchtend weiße Bürzelfeld auf.

Im Herbst und im Frühjahr bekommt das Emsdettener Venn regelmäßig Besuch von der Sumpfohreule. Diese ziemlich hell wirkende Eule lebt überwiegend in der Tundra Nordeuropas, wo sie hauptsächlich von Wühlmäusen und Lemmingen lebt. Die Sumpfohreule ist eine mittelgroße Eule, die damals auch im Venn Brutvogel gewesen sein soll.

Moorsee, Tempera 25 x 44 cm

Markant sind ihre gelben Augen, die schwarz umrandet sind und ihr so ein dämonisches Aussehen verleihen. Die winzigen Federohren sind nur bei Erregung aufgestellt. Diese Eule ist auch tagaktiv, so dass es möglich ist, dass man sie zumindest im Flug während der Zugzeit beobachten kann. Auf den Nordseeinseln ist der Bestand der Sumpfohreulen mittlerweile sehr stark zurückgegangen. Auf Spiekeroog fand ich vor Jahren einen ausgewachsenen Jungvogel auf dem Boden. Er blieb ruhig sitzen, er konnte noch nicht fliegen und so hatte ich Gelegenheit, einige Studien zu machen. Im Venn flog einmal seitlich des Turmweges eine Sumpfohreule während der Zugzeit direkt vor mir auf. Wegen des tarnfarbigen Gefieders hatte ich sie am Boden nicht gesehen. Auch am Lehrpfad gab es eine Begegnung. Ein anderes Mal war ich Zeuge, wie eine Sumpfohreule über einen längeren Zeitraum fliegend die Moorfläche absuchte. Dabei konnte man deutlich erkennen, dass sie den Kopf hin und her wendete. Durch das Fernglas gesehen, konnte man den Eindruck gewinnen, dass sie einen immer wieder anschaute.

Mitte Oktober sind die Pflegekräfte mit dem Entkusseln angefangen, denn am Turmweg stapeln sich die aufgeschichteten Birkenstämmchen. Doch viele Birkensprösslinge auf der Fläche zeigen, wie schnell sich die Natur alles zurückerobert. Wollgras und Seggen bestimmen das Bild bis zur Linie des Moorwaldes am Horizont und überall dazwischen Birkentriebe, die herausragen. Der Waldrand wirkt verhangen, bereits herbstlich, nicht mehr frisch. Zu dieser Jahreszeit herrschen die erdigen Farben im Moor vor. Alle Töne scheinen gedämpft, kaum bunte Farben – alles wie aus einem „Guss". Die Töne gehen ineinander über, wie von Grau durchsetzt, denn es gibt nur geringe Farbkontraste. An manchen Stellen im Mittelgrund verdichten sich die welken Halme zu einer Fläche wie aus gedämpftem Siena gebrannt und Ocker. Nur wenn die Sonne durchbricht, leuchten die grünen Blätter der Birkentriebe auf.

Die Torfstiche zwischen der hohen Vegetation scheinen bei einiger Entfernung verschwunden zu sein, erst im Vorbeilaufen öffnen sich auf dem Turmweg linker Hand einige Torfstiche. Manche führen kaum Wasser, sind fast trocken. Das macht traurig bei dem Gedanken: Kann das Moor für die Zukunft erhalten bleiben, wenn sich trockene Jahre fortsetzen? Der Himmel ist gegen Abend dicht bewölkt, nur zum Horizont, zum Westen hin, lassen einige schmale Öffnungen das gelbliche Abendlicht durch. Ein Moment der Stille, kein Laut zu hören. Auch der Wind ist kaum spürbar, denn nur leicht wiegen sich die Halme und Blätter. Die Fläche erscheint wie ausgestorben.

Doch jetzt ein leises „zip-zip" in den Randbüschen. Die Blaumeisen lassen sich aber nicht sehen. Ein Buchfink verrät seine Anwesenheit im Gebüsch durch ein „fink". Jetzt kommt ein Sonnenstrahl durch die Wolken. Ein Streifen des graublauen Wassers glitzert im Licht. Hoch im Himmel zieht in Keilform eine Schar Gänse zu den Schlafplätzen und unterbricht die Stille. Plötzlich kommt die Sonne nur für einen Moment ganz hindurch und lässt die gegenüber liegende Wolkendecke in einem tiefen Indigoblau erscheinen.

Nun biege ich ab und gehe mitten durchs Moor. Es ist nicht die endlose Weite, wie in den Mooren im Emsland. Am Horizont drehen sich die Windräder unermüdlich. Mir fällt auf, dass ich im Frühjahr den frühen Morgen für einen Besuch im Moor vorziehe, weil die Tierwelt nach dem kalten Winter „munter" wird. Im Herbst bevorzuge ich aber den Abend mit seinen oft schönen Wolkenstimmungen. Daher finde ich nur im Herbst ab und zu die Ruhe, hier Landschaftszeichnungen anzufertigen, im Frühjahr ist viel zu viel zu sehen, was mich ablenken würde. Jedes Jahr durften meine beiden Kinder Christina und Stephan damals im Spätherbst mit mir quer durch das Moor streifen. Wenn sich die Pflegekräfte im Moor aufhalten, zeige ich heutzutage meinen vier Enkeln „mein" Moor. Die Stimmungen im Herbst und meine Erzählungen während des

Durchstreifens machen das Moor für sie geheimnisvoll.

Eine ganz besondere Stimmung können Sie, liebe Leserin, lieber Leser, manchmal an einem Spätherbstabend finden, wenn sich die Dämmerung über die Landschaft legt. Eine friedliche Stille kehrt ein. Einige Gänse „unterhalten" sich leise im Moor und einige Trupps überfliegen die Szenerie. Der Himmel über Ihnen ist fast wolkenfrei, nur von Westen ziehen dunkle Wolken auf, die Vegetation ist an der Begrenzung des Torfsees zu erahnen, und im schwarzblauen Wasser spiegelt sich der Mond! Das werden Sie vielleicht nie vergessen.

Verschiedene Greifvögel sind auf der Durchreise. An einem Tag im Spätherbst fuhr ich vor 30 Jahren mit dem Rad ins Venn. Von weitem sah ich einen kleinen Greifvogel dicht über dem Acker fliegend in rasantem Flug zielstrebig herankommen. Die Baumfalken waren längst weg und waren in ihrem südlichen Winterquartier, also tippte ich auf einen Turmfalken oder Sperber. Seitlich von mir stocherte ein Schwarm Ringeltauben. Der kleine Greifvogel will doch wohl keine Ringeltaube fangen, dachte ich mir. In dem Moment war der etwas mehr als amselgroße Vogel mitten zwischen den Tauben, Kleinvögel stoben nach allen Seiten. Mit einem Kleinvogel im Fang, zischte das Merlinmännchen ab. Deutlich konnte man nun die spitzen Schwingen erkennen. Atemberaubend! Das ging so schnell, dass ich die Art der Singvögel nicht erkannt habe. Ich stand noch lange dort. Hatte der Merlin, so dicht über dem Acker fliegend, die kleinen Singvögel weit vorher schon gesehen oder hoffte er, Kleinvögel durch Zufall aufzuscheuchen? In späteren Jahren gab es immer wieder mal eine kurze Begegnung mit dem kleinsten Falken Europas im Herbst oder Frühling. Die Weibchen sind graubraun, die kleineren Männchen haben eine blaugraue Oberseite und eine rostfarben getönte Unterseite. Sein Lebensraum sind Moore in Schottland, Island, Skandinavien bis weit nach Nordrussland.

Jagender Merlin, Aquarell

4.5 Winter

Mitte November bin ich nachmittags bei Sonnenschein unterwegs mit dem Auto. Nach einigen Kilometern verdunkelt sich der Himmel und es regnet. Ich denke daran, umzukehren. Zuhause, gemütlich bei einer Tasse Tee, ist es sicher angenehmer. Doch meine Weiterfahrt wird belohnt. Im Venn angekommen, scheint wieder die Sonne. Für die Jahreszeit ist es zu warm. Ein Graureiher überfliegt den Weg und in der Nähe höre ich das „gjück-gjück-gjück" des Schwarzspechtes. Zu Gesicht bekomme ich ihn nicht. Einige Minuten lang höre ich den klirrenden Gesang des Zaunkönigs, der in einem Reisighaufen sitzt. Ein Fasan überquert mit stolzem Schritt den Weg. Der intensiv rote Schwellkörper am dunkelblau schillernden Kopf ist längst nicht mehr so stark ausgeprägt wie im Frühjahr. Am Turmweg angekommen, laufe ich einige Meter in den Moorwald hinein. Gestern Morgen habe ich hier einen Trupp von etwa 20 Erlenzeisigen in den Spitzen der Birken gesehen und beobachtet, wie sie emsig nach den Samen suchen. Manche hängen kopfüber an den dünnen Zweigen. Ich hatte gehofft, sie heute wieder beobachten zu können, aber es zeigt sich kein Vogel. Erlenzeisige können invasionsartig auftreten. Damals, in einer Voliere am Elternhaus, hatte ich viel Freude an diesen zierlichen, grüngelben Finken.

Ende November durchquere ich in diesem Jahr mit meiner siebenjährigen Enkelin nach der Dämmerung das Moor. Die Sonne ist mit einem orangeroten Lichtstreifen am Horizont längst untergegangen. Obwohl der Mond über einer dichten Wolkendecke liegt, können wir genug sehen, um dem Weg zu folgen, der zu dieser Zeit durch die Pflegekräfte heruntergetreten ist. Angst zeigt Leni in der Dunkelheit nicht. Als wir dann abbiegen und an einem dunklen Moorwald entlanggehen, bemerkt sie: „Opa, ich habe etwas gehört". Ein Zeichen dafür, das es ihr doch nicht so ganz geheuer ist. Ich dachte daran, wie es wohl damaligen Menschen ergangen sein könnte, die auf dem Weg nach Hause durch die Weite eines Moores gehen mussten. Wenn dann jemand vom Weg abkam, Käuzchen riefen, sich andere Nachtvögel meldeten oder Äste knackten – ist es kein Wunder, dass sich damals viele Geschichten ums Moor rankten. Auf jeden Fall war es für uns beide ein erinnerungswürdiges Erlebnis.

Tage später ist es kalt geworden und stürmisch, aber Schnee ist nach einem Bericht des Wetterdienstes in absehbarer Zeit nicht zu erwarten In den letzten Jahren hat sich der Winter verschoben, so dass damit eher im Januar zu rechnen ist. Der Weg ist matschig und mit Pfützen übersät. Im Moorgebiet ist ein kleiner Trupp Rohrammern im Schlichtkleid zu sehen. Das Gefieder ist sperlingsähnlich. Eigentlich ziehen sie im Winter in südliche Richtung, aber immer häufiger kann man sie zu dieser kalten Jahreszeit im Venn beobachten, wie sie auf dem Boden nach Sämereien von Wildkräutern suchen. Während sich das Jahr dem Ende zuneigt, freue ich mich schon jetzt auf den Frühling und seine Vogelwelt, die wieder aus den Winterquartieren zurückkommt und die Brutgebiete besiedeln wird.

Winter im Venn, Öl/Platte, 36 x 46 cm

5 Aus den Tagebüchern

5.1 Zwei Beobachterinnen in den 1960er Jahren

Seit mehr als 45 Jahren ist mir das Emsdettener Venn bekannt. Nach und nach bekam ich Einblicke in die Lebensgemeinschaften. Im Nachhinein fällt mir auf, dass man noch einige Jahre nach der Jahrhundertwende eine erstaunliche Vielzahl an Vogelarten und auch Individuen in diesem relativ kleinen Venn mit Moor und Feuchtwiesen beobachten konnte. Heute ist von den drei Goldammerpaaren am Turmweg nur noch ein Paar anwesend, die Feldlerche ist dort verschwunden und Kiebitze haben zu 90 % abgenommen!

In den 1960er Jahren hatten zwei Beobachterinnen aus Emsdetten über die Vogelarten im Emsdettener Venn berichtet. Bevor ich Auszüge aus meinem Tagebuch vorstelle, sind einige Zahlen interessant, wenn man sie mit den aktuellen Entwicklungen vergleicht:

In der Schriftenreihe der Landesstelle für Naturschutz und Landschaftspflege in NRW Band 5 ist eine Abhandlung von Gisela Ebert zu finden: „Brutvogelbestandsaufnahme im Naturschutzgebiet Emsdettener Venn – Ein Beitrag zur Diskussion über quantitative Erfassungsmethoden.“

Auszüge aus dem Beitrag von Gisela Ebert: 1962: *„Feldlerche 10 Paare, Kiebitz 8 Paare. Brachvögel 1966 in den Weiden und Wiesen in unmittelbarer Umgebung des Venns 3 Paare, im Borghorster Venn 2 Paare, außerdem 5 Paare Uferschnepfen. Diese Art fehlte aber im Naturschutzgebiet. Nur auf den Heideflächen brüteten Ziegenmelker, Feldschwirl und Hänflinge, ebenso Baumpieper und Goldammer. Die Sumpfohreule ist früher im Emsdettener Venn brütend nachgewiesen worden, im Frühjahr 1964 ein Paar beobachtet, aber kein sicherer Brutnachweis. Der Große Brachvogel brütete im eigentlichen Naturschutzgebiet nur noch unregelmässig mit einem Paar. Die Art ist in Westfalen größtenteils von den Mooren auf die Wiesen und auf das Weideland umgesiedelt, ebenso die Uferschnepfe.“*

In den Jahren 1963/1964 fertigte die Lehrerin Liesel Beckmann aus Emsdetten als Studentin eine Arbeit über ihre vogelkundlichen Beobachtungen im Emdettener Venn, die sie den „Heimatblättern Emsdetten“ zur Verfügung stellte.

Auszüge aus dem Beitrag von Liesel Beckmann 1963: *„Der Bestand der brütenden Stockenten im Emsdettener Venn beläuft sich nach meinen Beobachtungen auf etwa 5 Paare. Zur Zugzeit konnte ich bis zu 60 Stück feststellen, während sich im letzten Winter höchstens 30 Stück im Venn aufhielten (...) Fliegende Bekassinen konnte ich oft beobachten (...) Als Brutvögel möchte ich von der Sumpfohreule 3 – 4 Paare angeben. Zur Zugzeit halten sich zeitweilig sogar 10 – 15 Exemplare im Revier auf. Im Gebiet des Heidemoores konnte ich häufig Rebhühner aufspüren (...) Das Blaukehlchen war in den zwanziger Jahren häufig im Emsdettener Venn anzutreffen. Zum letzten Male wurde es 1950 am Max-Clemens-Kanal gesichtet. Es kann mit großer Wahrscheinlichkeit gesagt werden, dass der Vogel aus dem Venn völlig verschwunden ist (...) In Sommernächten ist im Heidegebiet gar nicht selten die Nachtschwalbe zu vernehmen (...) Im östlichen Teil des Emsdettener Venns liegt ein Gebiet, das in den zwanziger Jahren unter großen Anstrengungen kultiviert wurde. Trotz der vielen Abzugsgräben sind die Wiesen auch im Frühjahr sehr feucht und werden deshalb auch immer von Sumpfvögeln als Brutgebgiet gewählt. Braunkehlchen und Feldschwirl konnte ich hier feststellen. Die Haubenlerche und Grauammer sind häufiger vertreten (...) Im Sommer fanden sich die Kiebitze mit den inzwischen erwachsenen Jungen zu großen Schwärmen zusammen. Am 2. Juli beobachtete ich schätzungsweise mehr als 500 Kiebitze auf den schon genannten Weiden. Der Bestand der Kiebitze ist seit der Kultivierung des Emsdettener Venns ständig angewachsen. In diesem Jahr (1963) konnte ich 130 Paare als*

Brutvögel feststellen. Sie verteilen sich auf ein Gebiet von 112 ha, in 9 Blöcke aufgeteilt. Auf jeder Wiese befanden sich im Durchschnitt 3 Paare. Da das Brutgeschäft in diesem Jahre schon Anfang März einsetzte, sind besonders viele Kiebitzgelege durch die Bearbeitung der Wiesen (Düngen, Walzen, Schleppen) vernichtet worden (...) Der Bestand des Brachvogels ist seit 1935 ziemlich konstant geblieben. In diesem Jahr konnte ich 14 Brutpaare im Venn feststellen. (...) Der bekannteste Würger ist der Neuntöter. Im Venn ist der Vogel gut vertreten. Auf dem Vennweg traf ich vier Paare an.

5.2 Kleine Auswahl aus meinem Tagebuch aus dem Jahr 2006:

06.01. Eine Bekassine fliegt direkt vor mir auf. Im nahegelegenen Bruchwald an der Südseite sind die Balzrufe von Habichten zu hören.

16.01. Fünfzehn Bergfinken machen auf ihrem Zug Halt auf dem Weg am Treffpunkt „Pilz". Sie suchen am Boden oder turnen oben in den Zweigen herum.

20.02. Ein Brachvogel fliegt übers Moor, mehrere Rohrammern im Schlichtkleid, Feldhase in der Wiese, Blässgänse auf großer Blänke, davor ein einzelner Brachvogel.

05.03. Eine weibliche Kornweihe fliegt über die südlichen Wiesen. Zahlreiche Kiebitze stehen im Wasser, Goldammer und Zwergtaucher gehört.

12.03. Etwa 30 Kiebitze haben sich an der großen südlich gelegenen Blänke versammelt, sie fliegen auf und setzen sich wieder. Acht Brachvögel, zwei Austernfischer und sechs Uferschnepfen stehen außerhalb des Wassers, zahlreiche Enten auf dem Wasser, einige schlafend in der Sonne.

22.03. Ungemütliches Wetter. Zwei Uferschnepfen stochern bis zur Brust im Wasser stehend in der großen Blänke, zwei weitere stehen am Rand, ein Schwarm Rotdrosseln ist auf dem Frühjahrszug. Die Drosseln hüpfen durch das Gras. Sie ducken sich, ziehen etwas aus dem Boden, hüpfen weiter und fliegen ein Stück, bevor das ganze Treiben von Neuem beginnt. In größerer Entfernung Brachvögel flötend, Gesang der Miseldrossel.

03.04. Gegen 7 Uhr, bewölkt und ungemütlich, später bricht die Sonne durch. Trillernde Rufe der Zwergtaucher, Goldammer sitzt im Geäst neben einer Rohrammer, Rotkehlchen balzen aggressiv. Schwarzkehlchen sitzt einige Meter weiter im Baum. Singflug Baumpieper, Rauchschwalben fliegen direkt übers Wasser der Torfstiche, dabei tauchen sie gelegentlich den Schnabel ins Wasser, um ein Insekt aufzunehmen.

09.04. Gegen 18 Uhr stehen zehn Uferschnepfen im Wasser, dazu zwei Stockenten. Im Hintergrund Austernfischer und Gänse. „witte-witte Rufe" am Boden, wenn eine Uferschnepfe über die Wiese fliegt. Klagender Laut von einer auf dem Zaun stehenden Uferschnepfe. Balzflug, betonter Flügelschlag und schaukelnd von einer Seite zur anderen, „grütto-grütto Rufe" anhaltend.

Wieder fliegen drei Uferschnepfen auf – „witte-witte-witte", schnelle Tonfolge. Zwei Kiebitze sind in der Luft, später gesellen sich zwei dazu. Sie wirbeln durcheinander, senkrechte, trudelnde Abstürze. Gegen 19 Uhr nur zwei Uferschnepfen an der Blänke zu sehen. Später fliegt eine Uferschnepfe vorüber und stürzt schräg herunter, beim Landen auf der Wiese die Flügel kurze Weile erhoben, so dass es in der Wiese weiß aufleuchtet.

13.04. Das Rohrweihenmännchen ist aus dem Winterquartier zurück. Hoch oben im Himmel singt eine Feldlerche. Zwei Steinschmätzer machen Rast in der Heide am hinteren Turmweg.

20.04. Gegen 7.15 Uhr ist die Sonne wieder weg, sehr kalt. Ein trillernder Ruf bestätigt, dass die Zwergtaucher anwesend sind. Am Ende des Turmwegs pumpendes, rhytmisches Geräusch. Zwei Bekassinen im Zick-zack-Flug hoch in der Luft, beim Herabstürzen einer Bekassine ist das „meckernde Geräusch" deutlich zu hören. Singflug des Baumpiepers von erhohter Warte aus der Baumreihe am Weg.

22.04. Ein Rebhuhnpaar kommt mir auf dem Weg entgegen gerannt, zwischendurch an den Gräsern pickend, dann verschwinden sie im Gras.

28.04. Ein Kuckuck, braune Morphe, sitzt auf abgestorbenem dünnen Baum am Mooreingang, am Anfang des Turmwegs huscht eine Krickente mit 10 Küken über das dunkle Wasser, als sie mich wahrnimmt. Singende Rohrammer.

04.05. In der Heidelandschaft am Ende des Turmwegs sitzt ein Weibchen des Braunkehlchens. Auf dem Rückweg hoppelt ein Junghase vom Weg ins hohe Gras. In den Wiesen Wiesenschaumkrautblüte. Bruchwasserläufer in einer Pfütze auf der Wiese, im Hintergrund einige Rinder.

18.05. Morgens sitzen zwei Schwarzkehlchen auf der Moorfläche, Mauersegler, Schafstelzen an verschiedenen Stellen. Pirol neben dem Lehrpfad im Wald.

24.05. Gelbspötter im Gehölz am Rand der Wiesen, Kuckucks-Lichtnelken blühen, zwei Bekassinen fliegen über der Wiese hoch in der Luft, mehrere Uferschnepfen auf Zaunpfählen, drei halbwüchsige Jungvögel der Uferschnepfe im Gras. Im Moor: Schwarzkehlchen mit drei erwachsenen Jungen. Enten haben unterschiedlich große Küken. Plattbauchlibelle ist gerade aus der Haut gekrochen.

29.05. Auf dem Turmweg in Strauchspitzen drei junge Schwarzkehlchen, das Männchen sitzt auf dem Zaun. Zwei Kuckucke sitzen entfernt auf der Moorfläche auf der Heide, fliegen mehrmals hin und her und werden von Kleinvögeln attackiert. Plötzlich fliegt ein weiterer Kuckuck aus der Hecke hinter mir zu den beiden Artgenossen. Es gibt ein kurzes Geplänkel. Dann ruhen sie und fliegen einige Male auf, die Kleinvögel geben keine Ruhe. Dieses mir unbekannte Verhalten konnte ich längere Zeit beobachten, bevor sie weiterflogen.

02.06. Die ersten Wiesen sind gemäht. Auch die Wiese neben dem Schwarzkehlchenrevier. Das Schwarzkehlchen ist nicht zu sehen. In den umliegenden Wiesen versammeln sich 40 bis 50 Kiebitze. Jungenten sind fast erwachsen, eine Stockente versucht offensichtlich, mich von ihren Jungen wegzulocken; schwimmt schnell ein Stück und wartet dann in Abständen, später fliegt sie ein Stück und landet wieder.

20.07. Neuntötermännchen auf Zaun am Kranzbeerenweg. Ackerdisteln am Turmweg, darin zahlreiche Distelfinken. Zwergtaucherküken.

29.07. Eine Rohrweihe stösst auf Blässhühner, ohne Erfolg.

06.08. Die Heide blüht, Radnetzspinnen, Wespenspinnen auf der Heide, Grashüpfer am Holzzaun, Männchen der Plattbauchlibelle, mehrere Hänflinge, Blattzeit der Rehe, auf einem Acker mindestens hundert Kanada- und Graugänse.

26.08. Ein junges Schwarzkehlchen in der Heckenspitze am Turmweg, Rauchschwalben fliegen dicht übers Wasser. Frühstarter fliegen Ende August in ihre Winterquartiere.

Eine Gruppe von Waldwasserläufern bereitet sich auf den Flug in die Winterquartiere vor und steht im seichten Wasser.

09.09. Unzählige Kiebitze machen Rast in den Rieselfeldern bei Münster. Waldeidechsen, auch Mooreidechsen genannt, sitzen auf dem Holzzaun am Moorlehrpfad, die letzten Schwalben des Jahres über dem Wasser. Unsere Vorfahren wussten: „*Mariä Geburt,* (am 8.9.) *sind die Schwalben furt*".

01.10. Kleine Grasfrösche. Dompfaffen. Schwarzkehlchen auf der Moorfläche. Waldeidechsen auf dem Holzzaun tanken das letzte bisschen Wärme.

21.10. Ziehende Gänse, Hermelin am Weg. Ein Trupp von etwa 20 Bekassinen fliegt vor mir auf, dazwischen eine Anzahl deutlich kleinerer Zwergschnepfen, die auf dem Herbstzug sind. Sie kommen in den Mooren Nord-Ost Europas vor.

17.11. Eine Ansammlung von Erlenzeisigen turnt in den Wipfeln der Birken. Kranichzug.

6 Der Spezialist

Eines Tages Ende September beobachtete ich einen Mann, der in dem Heidefeld des zentralen Moores an der Ostseite stand. Er bückte sich und untersuchte anscheinend die Heidepflanzen. Ich sprach ihn darauf an und anschließend war ich sozusagen sprachlos, denn er, Ludwig Klasing, zeigte mir, was er da untersuchte und fotografierte. So lernte ich die in unterschiedlichen Farben wunderschönen und vielfältigen Kreuzspinnenarten kennen, die Marmorierte Kreuzspinne, die Vierfleck-Kreuzspinne und viele mehr - für mich unmöglich, diese alle auseinander zu halten. Die feine, farbige Maserung erinnerte mich an orientalische feingewebte Teppiche. Es erschloss sich mir eine völlig andere Welt, als ich sie vordem im Tierreich erlebt hatte. Aber Ludwig schien sie alle zu kennen, die Spinnen, Libellen und anderen kleinen Insekten, die das Moor bevölkern. Er hat sich sein grosses Fachwissen in wenigen Jahrzehnten autodidaktisch erworben und hält in Emsdetten Vorträge über die vielfältige und wunderbare Spinnen- und Insektenwelt des Moores und ebenso die Pflanzenwelt mit ihren unterschiedlichen Torfmoosen und Insektenfallen. So kann er viele Menschen begeistern. Bei einem Rundgang zeigte er mir, wo die winzigen Pflänzchen des Sonnentaus standen und er war immer erfreut, wenn er mir wieder eine Stelle an einem Torfstich zeigen konnte, von der die Moose, das Sphagnum, Besitz ergriffen hatten.

6.1 Von Spinnen, Libellen und Reptilien

Ludwig und ich fragten uns manchmal, ob es im Venn Kreuzottern geben könnte. Später hat Ludwig zweimal 2019 eine Kreuzotter am Lehrpfad gesichtet und sogar fotografiert. Die meisten Menschen kennen diese Schlange aus Büchern, aber die wenigsten haben sie je gesehen. Diese Schlange wird ungefähr 60 cm lang und trägt auf dem Rücken ein Zick-zack-Band. Mit ihrem Gift lähmt sie ihre Beutetiere, wie Eidechsen, Mäuse und Frösche. Ich habe in diesem Jahr ein Exemplar auf dem Turmweg gesehen. Diese Kreuzotter war einfarbig braun und flüchtete sich bei meiner Annäherung ins Gras am Seitenrand. Man staunt, wie schnell sich diese Schlange fortbewegt. Ich wunderte mich damals, dass zahlreichen Waldeidechsen im Venn das Ende des Schwanzes fehlte und dachte über die Möglichkeit nach, dass eine Kreuzotter diese angegriffen haben könnte.

Die Waldeidechsen, auch Mooreidechsen genannt, sind zierliche Eidechsen, die man vor allem im Herbst auf dem Holzzaun des Lehrpfads beobachen kann. Auf dem Zaun tanken sie noch etwas Sonne. Waldeidechsen legen keine Eier, sondern sind, wie die Kreuzottern, lebendgebärend und bringen vollentwickelte Junge zur Welt. Die Art ernährt sich von Spinnen und Würmern. Die Farbe dieser hübschen Eidechse ist braun oder grau mit einem dunklen Aalstrich auf dem Rücken und gelblichen, strichförmigen Flecken auf der Oberseite.

An Amphibien beherbergt das Venn Grasfrösche und Wasserfrösche. Moorfrösche sucht man dort aber vergeblich. Männchen und Weibchen dieser Art sehen einem Grasfrosch ähnlich. Während der Paarungszeit wechseln die Männchen ihre Farbe jedoch in ein intensives himmelblau oder bläulich-violett. Welche Faktoren diese Umfärbung und ihre Intensität verursachen, ist nicht im Einzelnen geklärt.

Ich fragte Ludwig, wie er an die Beobachtung der Spinnen herangeht: *„Ich suche im Sep-*

tember, Oktober immer in der Heideregion nach Spinnen. Ich bin ja durch das Entkusseln jeden Tag dort. Du musst auf die Spinnennetze aufpassen. Die Radnetzspinnen haben, wie der Name schon sagt, radförmige Netze, um Fliegen und Mücken zu fangen. Dazu gehören die Kreuzspinnenarten. Die Netze sind sehr widerstandsfähig, so dass sogar Heupferde darin hängenbleiben. Die Baldachinspinnen haben flache Netze. Es ist bekannt, dass die Netze im Herbst bei Gegenlicht herausstechen. Am besten ist, morgens früh loszugehen, dann sieht man die Netze besser als am Tag, da sie noch mit Tautröpchen behaftet sind. Die Spinne lebt versteckt neben dem Netz. Man mus sie suchen, oft liegt sie eingerollt an der Spitze von Seggenhalmen. Ich habe immer einen Fotoapparat dabei, damit kann ich die Spinnen vergrößern und so besser bestimmen. Die Männchen dieser Spinnen sind, wie bei allen Spinnenarten, kleiner.“

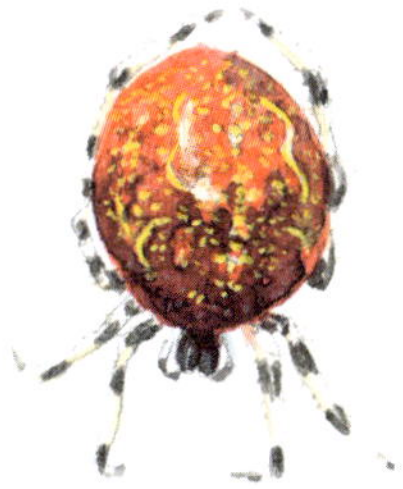

Im Gegensatz zu den Insekten haben Spinnen acht Beine. Der kugelige Hinterleib ist am breitesten. Die Färbung und Zeichnung der Kreuzspinnenarten ist sehr variabel. Die Färbung reicht von gelb, grün, hell- oder dunkelrot bis braun. Darauf befindet sich ein kleines Kreuz aus mehreren Punkten. Die gesamte Oberfläche wirkt durch unterschiedliche Unterbrechungen wie marmoriert. Die Vierfleckkreuzspinne kann ebenfalls sehr farbenprächtig sein. Sie ist etwas kräftiger und größer als unsere bekannte Gartenkreuzspinne. Neben dem durch Flecken angedeuteten Mittelband liegen seitlich vier größere Flecken. Die Weibchen legen im Spätsommer den Eikokon an, der an Pflanzen befestigt wird. Die Eier überwintern und die Jungspinnen schlüpfen im Frühjahr des Folgejahres.

„Eine besonders unverwechselbare Spinne ist die Wespenspinne, die auch zu den Radnetzspinnen gehört. Sie ist auffällig gelb und schwarz gebändert. Ich habe gesehen, dass mehrere der viel kleineren Männchen versuchten, das Weibchen zu begatten. Anschließend wurden sie gefressen. Das Netz ist auffallend, es ist zickzackförmig mit vertikaler Ausrichtung. Es leben im Venn auch die gerandeten braunen Jagdspinnen, die dort recht häufig sind. Diese fangen ihre Beute nicht in Netzen, sondern sie schleichen sich zuerst an und überwältigen sie dann beim Laufen. Sogar über Wasser kann diese Spinne laufen und tauchen, um Kaulquappen zu jagen. Diese Spinne ist auf Moore und Feuchtwiesen angewiesen, lebt im Verborgenen und ist sehr schwer zu entdecken.“

Typisch für ein Moor sind die Libellen. Sie leben im Wasser als räuberische Larven und werden zu fertigen Libellen, wenn sie an Land gegangen sind. Sie sind sehr schnelle Jäger, die andere Insekten im Flug mit ihren Beinen fangen. Je nach Art lebt die Libelle mehrere Jahre unter Wasser als Larve. Wenn die Larve mehrere Stadien durchlaufen hat, klettert sie an einem Stängel hoch und streift die äußere Haut ab. Die fertige Libelle lebt nun einige Wochen oder Monate, in denen sie sich fortpflanzt. Die Eier legt sie ins Wasser oder auf eine Wasserpflanze. Libellen sind extrem schnelle und wendige Flieger, die wie ein Hubschrauber auf der Stelle stehen und sogar rückwärts fliegen können. Auffallend sind der lange dünne Hinterleib und die riesigen Facettenaugen. Das Sehvermögen ist sehr gut ausgebildet. Ein Auge ist aus unzähligen kleinen Augen zusammengesetzt.

Klasing erklärt: *„Im Venn leben zahlreiche Libellenarten, zum Beispiel die kleinen Azurjungfern, gebänderten Prachtlibellen, die großen Blaugrünen Mosaikjungfern, Vierfleck- und Plattbauchlibellen. Dazu kommen die Große Moosjungfer, die Nordische Moosjungfer, die Blutrote Heidelibelle, die Schwarze Heidelibelle und einige mehr, Ich habe sie alle fotografiert und auf die Homepage des Emsdettener Venns gestellt. Die Paarung der nordischen Moosjungfer habe ich am Wasser beobachten können. Sie gehört zu den Libellen, die früh in der Saison fliegen. Das Weibchen legt seine Eier mit wippendem Hinterleib an schwimmenden Torfmoosen ab. Das Männchen schwebt dabei in der Nähe. Der etwas breitere Hinterleib der Plattbauchlibellen ist sehr schön gefärbt. Das Männchen ist hellblau, die Weibchen haben einen grünen bis braunen Hinterleib. Sie sind Ansitzjäger, sitzen auf einer Binse beispielsweise und*

lauern auf Beute. Diese Libellen fliegen bis Ende Juli, manchmal bis in den August hinein. Die Paarung findet im Flug statt. Die Schwarze Heidelibelle kann man im Venn noch im September sehen und beobachten. Häufig sitzen sie am Holzzaun in der Sonne. Besonders sind ihre Tandemflüge bei der Eiablage. Die Partner sind dann miteinander verbunden."

6.2 Unentbehrliche Helfer

Auf meine Frage, wie er denn zu seinem Interesse für das Venn gekommen sei, antwortete Ludwig: *„Etwa um das Jahr 2000 herum habe ich Heinz Rinsche kennengelernt. Dieser war ein Biologie Lehrer, der sich stark im Naturschutz engagierte. Wir beide entkusselten monatelang die Torfdecke von unerwünschtem Aufwuchs, wie Faulbaumtriebe und kleine Birkensprösslinge. Es wurden Dämme angelegt, um das Wasser im Moor zu halten. Es entstanden viele kleine Biotope".*

Heinz Rinsche leitete zahlreiche botanische und vogelkundliche Exkursionen im Emsdettener Venn. Unter seiner Federführung wurde die Schutzgemeinschaft Ems gegründet. Das „Ems-Auen-Schutzprogramm", ein Pilotprojekt des Landes NRW, war ein Meilenstein seines Engagements. Dafür wurde er 1992 mit dem Umweltpreis der Stadt Emsdetten ausgezeichnet.

„Zudem habe ich den Naturschützer Karl Riddering kennengelernt, als dieser den Lehrpfad um 2002 ausgebessert hat. Zu dem Zeitpunkt ist der Lehrpfad erneuert worden. Er geht heute über die ganze Breite des Moorkerns am östlichen Rand. Später war ich zunächst mit Willy Winter während des Winterhalbjahres damit beschäftigt, den östlichen Teil des Moorkerns zu entbirken, „Entkusseln" nennt man das. Und das in jedem Jahr, jeden Tag von Oktober bis März."

Die zentrale Hochmoorfläche musste damals in den 1980er Jahren vom Baumbewuchs befreit werden. Mit dabei war auch Karl Riddering. Zielsetzung war: Freie Sicht von einem Ende zum anderen. Die Torfstiche waren meist ausgetrocknet, weil die Moorfläche von Gräben durchzogen war. Daher gab es zu dem Zeitpunkt kaum Enten dort. Auch von Riddering wollte ich wissen, als wir uns im Venn einmal begegneten, wie er zu seinem Engagement für die Arbeit im Venn gekommen sei:

„Vor 45 Jahren habe ich Heinz Rinsche kennengelernt. Dieser weckte in mir die Begeisterung für das Moor und er teilte sein Wissen mit mir. Neben dem Entkusseln führte ich mehrere Jahre vogelkundliche Exkursionen im Venn durch. Eine Zeit lang war ich Beirat in der Biologischen Station und rief eine AG für die Wiedervernässung ins Leben."

Später verstand es Ludwig Klasing, auch andere Menschen zu dieser Arbeit heranzuziehen. Seine Gruppe nennt sich „Vennfüchse". Eine Naturschutzgruppe des Heimatvereins, die „Vienndüwels", gibt es seit 1980! Die etwa zehnköpfige Mannschaft wird aktuell von Winfried Engbert geführt. Die Männer treffen sich von September bis Februar an drei Vormittagen wöchentlich im Venn. Beide Gruppen führen die Entbirkung der Moorfläche durch.

Ich denke auch an die weiteren zahlreichen Helfer, die hier nicht alle genannt werden können. Ohne sie würde es das Emsdettener Venn vielleicht gar nicht mehr geben. Als klassischem Hochmoor droht dem Venn sonst die Verbuschung durch die sich rasch ausbreitenden und ständig nachwachsenden Birken und Faulbäume. Diese entziehen dem Moor das Wasser und zerstören es allmählich. Diese Helfer sorgen dafür, dass das Emsdettener Venn erhalten bleibt und auch, wenn im nächsten Jahr wieder unzählige Birken- und Faulbaumtriebe in die Höhe wachsen, lassen sie sich nicht entmutigen und hoffen darauf, dass die Fläche sich wieder zu einem funktionsfähigen Hochmoor weiterentwickelt. Es ist es allemal wert, zu versuchen zu retten, was zu retten ist. Ihnen allen gilt ein großes Dankeschön für ihr Engagement! Die meisten Helfer sind ehrenamtlich tätig. Karl Achterkamp führt seit 2024 die Gruppe der „Vennfüchse", nachdem Ludwig Klasing aus Altersgründen nicht mehr teilnehmen kann.

Wald- oder Mooreidechse, Aquarell

7 Wiesenvogelschutz im Emsdettener Venn - Cornelia Pontow

Als ich Anfang 2024 meine Stelle als Wissenschaftliche Mitarbeiterin bei der Biologischen Station antrat, hatte ich noch nicht viel Erfahrung im Wiesenvogelschutz. Doch ich hatte das große Glück, Robert Tüllinghoff, den damaligen stellvertretenden Fachlichen Leiter der Biologischen Station, eine komplette Brutvogel-Saison lang bei seiner täglichen Arbeit in den Naturschutzgebieten begleiten zu können. So lernte ich von ihm das Vorgehen bei der Nestersuche von Brachvögeln und Kiebitzen, half beim Aufstellen und der Pflege von Gelegeschutzzäunen und knüpfte erste Kontakte zu Landwirten, um die Bewirtschaftung der Grünlandflächen auf die Bedürfnisse der Wiesenvögel abzustimmen.

Während meiner Einarbeitungszeit versuchte ich, mir so viele Details wie möglich seiner Erfahrungen von über 30 Jahren Wiesenvogelschutz im Kreis Steinfurt einzuprägen und erlangte nach und nach immer mehr Wissen über einzelne Vogelarten und ihre Verhaltensweisen. Neben dem ornithologischen Fachwissen lernte ich außerdem viel über die Geschichte des Emsdettener Venns und die Zusammenarbeit mit den verschiedenen Akteuren vor Ort. Schon bald wurde mir bewusst, dass zu einem erfolgreichen Wiesenvogelschutz mehr gehört als das alleinige Erfassen der Brutbestände und der Schutz von Gelegen im Rahmen der landwirtschaftlichen Flächenbewirtschaftung.

Von Dohlen verfolgt „Uferschnepfe", Tempera, 25 x 44 cm

7.1 Lebensraumpflege

Brachvogel, Uferschnepfe und Kiebitz sind angewiesen auf extensives Feuchtgrünland mit Flachwasserbereichen, sogenannten Blänken, und eine möglichst offene Landschaft mit wenigen Vertikalstrukturen wie Baumreihen oder Hecken. Um die verschiedenen Bedürfnisse der Wiesenvögel wie Nahrungssuche, Nestbau und Aufzucht der Küken abzudecken, eignet sich am besten ein Mosaik aus feuchten, im Frühjahr teilweise überstauten Flächen und trockeneren Bereichen sowie lückig-kurzwüchsiger und höherwüchsiger Vegetation.

Diese Lebensräume, sogenannte Habitate, müssen fortlaufend in einem „guten" Zustand erhalten oder zu einem solchen entwickelt werden. Dies gelingt durch die Bewirtschaftung der Wiesen und Weiden durch ansässige Landwirte, die öffentliche Flächen gepachtet haben oder ihre privaten Flächen im Rahmen des „Vertragsnaturschutzes" zur Verfügung stellen. Darüber hinaus fallen immer wieder Pflegearbeiten an, die von externen Landschaftspflege-Firmen durchgeführt werden. Hierzu zählen z.B. die Pflege von Gewässern und Säumen oder der Rückschnitt von Gehölzen. Hin und wieder rollen auch größere Maschinen durch das Venn, wenn neue Blänken angelegt oder Gräben verschlossen und umgestaltet werden, um den Wasserhaushalt der Grünlandflächen im Sinne der Wiesenvögel zu verbessern.

Der langfristige Erhalt einer extensiv genutzten Kulturlandschaft, die vor allem in den Naturschutzgebieten noch vorhanden ist, stellt demnach die Grundlage für das Überleben unserer Wiesenvögel dar.

Luftakrobaten - Kiebitze, Öl/Lw, 30 x 40 cm

7.2 Monitoring

Sind die Wiesen im Emsdettener Venn im Frühjahr kurz und nass, laden sie die aus ihren Überwinterungsgebieten zurückkehrenden Wiesenvögel dazu ein, im schlammigen Boden nach Nahrung zu stochern. Nach und nach verteilen sich die anfangs noch in größeren Trupps beisammenstehenden Individuen auf ihre Brutreviere. Am deutlichsten ist dies bei den Brachvögeln zu beobachten, die im Gegensatz zu den in lockeren Kolonien brütenden Uferschnepfen und Kiebitzen große Einzelreviere besetzten. Dabei sind Brachvögel sehr ortstreu. Mithilfe beringter oder besenderter Vögel konnte bestätigt werden, was Ornithologen durch das langjährige Beobachten einzelner Brutpaare und ihrer individuellen Verhaltensweisen längst ahnten: Brachvögel kehren jährlich in die gleichen Reviere zurück. Nicht selten legen sie sogar die Nistmulde an einer ähnlichen Stelle an wie im Vorjahr. Trotzdem stellt das Auffinden der Nester in jedem Jahr wieder eine kleine Herausforderung dar.

Ab April beginnt nun die Zeit des intensiven Beobachtens. Denn natürlich haben die auf dem Boden brütenden Vögel Strategien entwickelt, um Feinde nicht direkt auf ihr Nest aufmerksam zu machen. So landen sie nie direkt beim Nest, sondern in einiger Entfernung, um dann geduckt zum Nest zu schleichen. Die unterschiedlich bräunlich gesprenkelten Eier sind perfekt getarnt und können in der einfachen, mit Gras ausgekleideten Mulde, leicht vom Menschen übersehen werden. Es gehört daher etwas Geduld und manchmal auch Glück dazu, ein Nest zu finden. Meistens erfolgt die Beobachtung mithilfe eines Fernglases oder Spektives aus dem Schutz des Autos heraus. Denn anders als manch einer erwarten würde, wirkt ein langsam fahrendes oder stehendes Auto weniger bedrohlich auf Wiesenvögel als ein Mensch, der längere Zeit am Rand einer Wiese steht.

Besteht ein konkreter Verdacht, wird das Nest schließlich vorsichtig in der Fläche aufgesucht. Um die Vögel nicht länger als nötig zu stören, werden am Nest nur schnell die Anzahl der Eier und die Standortkoordinaten zur späteren Kontrolle des Nests notiert. Befinden sich hier erst ein, zwei oder drei Eier, kann anhand der bekannten Brutdauer der exakte Schlupftermin ermittelt werden, bei einem Vollgelege mit vier Eiern wird der

Schlupftermin anhand der verschiedenen Beobachtungen geschätzt. Bei einer späteren Nestkontrolle wird überprüft, ob alle Küken erfolgreich geschlüpft sind oder das Gelege wohlmöglich von Nesträubern, sogenannten Prädatoren, ausgefressen wurden. Diese Erkenntnisse werden dokumentiert und jährlich ausgewertet, um die Entwicklung des Brutbestandes des Brachvogels im Emsdettener Venn zu überwachen.

Nicht selten trafen mich in diesem Jahr beim Betreten der Naturschutzflächen kritische Blicke von Besuchern des Venns – völlig zurecht: Denn das Verlassen der Wege ist ohne Genehmigung natürlich nicht erlaubt und im Gegensatz zu meinem Vorgänger Robert Tüllinghoff bin ich den Besuchern des Venns noch nicht als neue Gebietsbetreuerin der Biologischen Station bekannt. Einzelnen Interessierten, die mich ansprachen, berichtete ich jedoch gerne über meine Arbeit und die aktuelle Situation der Wiesenvögel im Emsdettener Venn.

7.3 Mahdregelung und Gelegeschutz

Hauptziel der Nestersuche ist es, einzelne Flächen oder Bereiche zu identifizieren, die bei der Wiesenmahd ab Mitte Juni ausgespart werden müssen. So kann es z.B. sein, dass Gelege, die erst spät angelegt wurden, im Juni noch bebrütet werden. Doch auch, wenn die Küken bereits geschlüpft sind, müssen sie vor dem Mähwerk geschützt werden, bis sie alt genug sind, um selbstständig ausweichen zu können. Da die kleinen Küken, die sich bei Gefahr dicht an den Boden ducken, nur selten zu sehen sind, ist es eine große Hilfe, den Schlupfzeitpunkt zu kennen und damit das Alter der Küken bestimmen zu können.

Anfang Juni, wenn die Wiesenmahd naht, ist es daher wichtig, einen guten Überblick über den Status aller Brutpaare im Gebiet zu besitzen. Grünlandflächen, die aufgrund von Nestern oder Küken noch nicht gemäht werden dürfen, werden den entsprechenden Pächtern frühzeitig mitgeteilt. Unproblematische Flächen dürfen im Gegenzug auch schon mal etwas früher gemäht werden. So entsteht im besten Fall ein Mosaik aus kurzen gemähten und noch nicht bewirtschafteten Bereichen.

Trotz großer Mühe, alle Paare und ihre Küken im Auge zu behalten, gibt es immer wieder Zweifelsfälle. Um möglichst sicher zu sein, dass eine Wiese bedenkenfrei gemäht werden kann, ist es deshalb manchmal nötig, die Fläche mit einer langen Leine „abzuschleppen". Neuerdings wird diese Methode ergänzt oder ersetzt durch die Kontrolle einzelner Flächen mittels Wärmebild-Drohne. Der erfolgreiche Einsatz dieser Technik bedarf zwar einiger Übung und kann nur während eines kurzen Zeitfensters in den kühlen Morgenstunden erfolgen, dann jedoch lassen sich mit verhältnismäßig geringer Störung für die Vögel Entdeckungen von Nestern oder Küken machen, die sonst im Verborgenen geblieben wären. Nachdem eine Fläche zur Mahd freigegeben wurde, wird sie ein weiteres Mal unmittelbar vor der Mahd durch die Jäger kontrolliert, um auch andere Wildtiere wie Kitze, junge Feldhasen oder Fasane vor dem Ausmähen zu schützen.

Hin und wieder legt der Brachvogel sein Nest auch auf Grünlandflächen ohne vertragliche Regelung oder gar auf Ackerflächen an. In diesen Fällen werden die Nester für den Bewirtschafter der Fläche markiert bzw. auf Grünlandflächen ein ca. 10 x 10 m großer Bereich um das Nest abgesteckt, damit dieser bei der Wiesenmahd ausgespart werden kann. Im Anschluss an die Mahd wird zudem ein kleiner Elektrozaun um das stehengebliebene Wiesen-Quadrat aufgebaut, um das Gelege vor neugierigen Räubern wie dem Fuchs zu schützen.

7.4 Prädatorenmanagement

Aufgrund ihrer Eigenschaft, am Boden zu brüten, sind Wiesenvögel besonders störungsempfindlich und in hohem Maß der Gefahr des Gelege- oder Kükenverlustes durch Bodenprädatoren ausgesetzt. So geht ein erheblicher Anteil der Erstgelege von Brachvögeln vor dem Schlupf verloren. Bei der Nestkontrolle lassen sich dann nur noch Reste von Eierschalen oder völlig leere Nestmulden finden. Und auch am Verhalten der Altvögel ist zu erkennen, dass etwas nicht stimmt. Fast kann der Eindruck entstehen, als trauerten sie um ihren Verlust. Doch noch muss die Hoffnung auf Bruterfolg nicht aufgegeben werden, denn in der Regel wird nach kurzer Zeit ein Nachgelege angelegt, aus dem mit etwas Glück ca. 28 Tage später Küken schlüpfen.

Die Zahl der flügge werdenden Jungvögel schwankt von Jahr zu Jahr und ist von mehreren Faktoren wie dem Witterungsverlauf, dem Nahrungsangebot und der Dichte von Nesträubern abhängig.

Mithilfe sogenannter Wildkameras, die in einiger Entfernung zum Nest installiert sind, konnte festgestellt werden, dass die meisten verlorenen Gelege Raubsäugern wie dem Fuchs und verschiedenen Marderartigen zum Opfer fallen. Auf Grundlage dieser Erkenntnis werden deshalb seit einigen Jahren besonders beliebte Brutflächen in Naturschutzgebieten mit mobilen Elektrozäunen umstellt, um das Eindringen von Raubsäugern zu verhindern und somit die Chance auf einen Schlupferfolg zu erhöhen. Auch im Emsdettener Venn mag dem ein oder anderen Besucher solch ein Gelegeschutzzaun aufgefallen sein.

Der Aufbau der Zäune erfolgt Anfang März auf Flächen, in denen erfahrungsgemäß viele Wiesenvögel nah beieinander brüten. Besonders Kiebitz und Uferschnepfe, die in lockeren Kolonien brüten, können mit den mehrere Hektar umfassenden Zäunen effizient geschützt werden. Brachvogelgelege werden manchmal mit kleinen Einzelzäunen geschützt. Der Vorteil der großen Zäune ist jedoch, dass sie nicht nur die Gelege schützten, sondern auch die Küken, die schon kurz nach dem Schlupf das Nest verlassen, um selbständig auf Nahrungssuche zu gehen. Im Laufe der Brutsaison müssen die Elektrozäune regelmäßig auf ihre Funktionstüchtigkeit überprüft und freigemäht werden, um die Spannung aufrecht zu erhalten. Erst Ende Juni, wenn alle Vögel den Zaun verlassen haben, wird dieser wieder abgebaut.

Dieses „passive Prädatorenmanagement“ bedeutet zwar eine zeitweise Störung der im Zaun brütenden Vögel sowie einen erhöhten Zeit- und Arbeitsaufwand, doch der nahezu vollständige Schlupferfolg der Gelege innerhalb der Zäune rechtfertigt diese Maßnahme, die mittlerweile landesweit zu einem unverzichtbaren Instrument im Wiesenvogelschutz geworden ist.

7.5 LIFE Projekt Wiesenvögel NRW

Das Emsdettener Venn ist Teil in einem NRW-weiten Projekt, das von der EU und dem Land NRW finanziert wird und die Förderung der Wiesenvogelbestände zum Ziel hat. Durch dieses Projekt konnten seit 2021 zahlreiche Maßnahmen zur Verbesserung der Lebensraumstrukturen für Brachvogel, Uferschnepfe, Kiebitz und Bekassine in großem Umfang umgesetzt werden. Darüber hinaus werden in allen Projektgebieten in NRW Daten erhoben, um einerseits die Ursachen für den Rückgang der Brutbestände der Wiesenvögel besser zu verstehen und andererseits den Erfolg von Gegenmaßnahmen wie den Gelegeschutzzäunen bewerten zu können.
Cornelia Pontow, Biologische Station Kreis Steinfurt e.V.

Entkommen, Bleistift

Spuren im Schnee, Tempera, 25 x 44 cm

Novemberstimmung im Moor, Öl/Lw., 50 x 70 cm

Einfallende Uferschnepfen, Öl/Lw., 50 x 70 cm

Stille am Morgen, Öl/Lw., 60 x 90 cm

Gespensterhafte Baumwurzeln mit Zwergtauchern, Öl/Platte, 40 x 60 cm

Sumpflandschaft im Venn 1980er Jahre, Öl/Platte, 50 x 80 cm

Löffelenten im Moor, Öl/Lw., 50 x 80 cm

Torfstich, Tempera, 24 x 48 cm

8 Die Flora und Vegetation des Emsdettener Venns
- Peter Schwartze

8.1 Die Bedeutung des Emsdettener Venns

Das Emsdettener Venn ist eines der bedeutendsten Naturschutzgebiete im Kreis Steinfurt. Die Entstehung dieses Hochmoores lässt sich auf die Zeit vor ca. 5.000 Jahre datieren. Die Torfschicht im eigentlichen Hochmoor wuchs über die Jahrtausende zu einer Mächtigkeit von über 2 Metern an. Spätestens seit dem 15. Jahrhundert hat der Mensch in die natürliche Entwicklung des Moores eingegriffen. Wegen der umfangreichen Waldrodungen im Mittelalter gewann Torf als Brennmaterial für die bäuerliche Bevölkerung zunehmend an Bedeutung. Für den kleinbäuerlichen Torfstich wurde das Hochmoor entwässert und durch Torfriegel stark strukturiert. Entwässerung und Torfabbau führten im Laufe der Jahrhunderte zu einem gravierenden Verlust an Hochmoorfläche. Nicht zuletzt deshalb wurde der Kernbereich des Hochmoores mit 134 ha als erstes Naturschutzgebiet im Kreis Steinfurt bereits 1941 unter Schutz gestellt. Erst mit der Gebietserweiterung im Jahre 1968 war jeglicher Torfstich verboten. Zu diesem Zeitpunkt war das Moor bereits fast vollständig mit Birken- bzw. Erlenwald bestanden. Das gestörte hydrologische Regime und die Intensivierung der Landbewirtschaftung im Umfeld des Schutzgebietes führten zu einer steten Abnahme von Moor- und Heideflächen, die hochmoortypischen Pflanzengesellschaften verschwanden bis auf kleine Reste. Im Zuge von Erweiterungen gelang es in den 1980er und 1990er Jahren im Rahmen des Feuchtwiesenschutzprogramms, den ca. 100 ha großen Kernbereich aus offenem Hochmoor und Moorwäldern über Gebietserweiterungen mit einer Pufferzone aus überwiegend Feuchtgrünland zu umgeben, die den Wasserhaushalt im empfindlichen Kernbereich des Hochmoores stabilisierte und Schutz vor Nährstoffeinträgen bot. Neben der Funktion als hydrologische Pufferzone für die Kernbereiche des Hochmoores haben Teile des Feuchtgrünlandes große ornithologische Bedeutung als Wiesenvogelbrutgebiet. Das NSG Emsdettener Venn umfasst bei einer heutigen Größe von 340 ha den verbliebenen Hochmoorkomplex, Feucht- und Trockenheideflächen und größere Moorwälder sowie den umgebenden Grünlandgürtel. Davon hat der Kreis Steinfurt mit finanzieller Unterstützung des Landes NRW rund 270 Hektar angekauft.

Aufgrund der Vielzahl unterschiedlicher Biotoptypen wie Moore, Heiden, Moorwälder, Feuchtwiesen und Blänken haben sich im Gebiet über 40 landesweit und im Naturraum gefährdete Pflanzenarten angesiedelt, welche die besondere floristische Bedeutung des Gebietes dokumentieren.
Im Zuge des Aufbaus des europäischen Schutzgebietsnetzes NATURA 2000 wurden das Emsdettener Venn und das südlich angrenzende Naturschutzgebiet Wiesen am Max-Clemens-Kanal als 479 ha großes FFH-Gebiet bei der EU gemeldet. Die Abkürzung FFH steht für Fauna-Flora-Habitat und umfasst die für Europa typischen wildlebenden Tiere und Pflanzen sowie deren Lebensräume. Im Venn selbst finden sich die FFH-Lebensraumtypen „Feuchte Heide", „Trockene Heide", „Noch regenerierbares geschädigtes Hochmoor" und die „Moorwälder", deren floristisches Inventar hier im Einzelnen vorgestellt wird. Somit hat das Naturschutzgebiet Emsdettener Venn eine hohe Bedeutung für den Erhalt und die Entwicklung von Heide- und moortypischen Lebensraumtypen.

Neben der Meldung bei der EU als FFH-Gebiet erhielt das Venn auch den Rang eines EU-Vogelschutzgebietes (VSG). Es ist Teilgebiet des VSG „Feuchtwiesen im nördlichen Münsterland".

8.2 Hochmoor - Heide

Seit Beginn der 70er Jahre führen der Heimatbund Emsdetten mit den „Vienndüvels“ und die zum NABU gehörende Aktivengruppe „Vennfüchse“ Entkusselungsmaßnahmen im Emsdettener Venn durch. Dank ihrer Tätigkeit ist das rund 85 ha große Zentrum des ehemaligen Moorkomplexes heute weitgehend wieder gehölzfrei. Die meisten Hochmoorflächen bedürfen aber weiterhin einer dauerhaften Pflege. Die bis heute durchgeführten Pflege- und Entwicklungsmaßnahmen zeigen inzwischen eine durchaus positive Entwicklungstendenz. Mit Hilfe zahlreicher Wiedervernässungsmaßnahmen konnte der Wasserspiegel erhöht werden, so dass tiefer liegende, ehemalige Abtorfungsbereiche heute mehrere Hektar offene Wasserflächen aufweisen. In den kleineren Torfstichen sind teilweise Verlandungsprozesse durch Schwingrasenbildung erkennbar. Als Initialen für eine langfristige Moorregeneration haben sich kleinflächig Hochmoorbulten und Schlenken gebildet. Hier sind vor allem Torfmoos- und Wollgras-Gesellschaften anzutreffen. Aufgrund der extremen Trockenheit in den Jahren von 2018 bis 2020 und 2022 sind jedoch viele Torfmoos-Kennarten drastisch zurückgegangen. Zeitweise waren einige Torfstiche komplett ausgetrocknet.

Auf den wechselfeuchten Standorten am Rand der nicht abgetorften Bereiche haben sich großflächig artenarme Pfeifengras-Bestände ausgebreitet. Der Name Pfeifengras rührt im Übrigen von seiner früheren Verwendung als Pfeifenreiniger her, da die Stängel, anders als bei den meisten Gräsern, keine Knoten haben, die bei der Pfeifenreinigung hinderlich wären. In den gut ausgeprägten Hochmoorpflanzengesellschaften finden sich meist stark gefährdete Pflanzenarten wie Rosmarinheide, Rundblättriger Sonnentau und Moosbeere auf den Bulten sowie Weißes Schnabelried und zwei Wollgrasarten in den tiefer gelegenen Schlenken. Bei der häufig geschilderten Wollgrasblüte Ende Mai, bei der das Moor mit kleinen Wattbäuschen überzogen scheint, handelt es sich in Wirklichkeit um die Fruchtstände. Die eher unscheinbaren Blütenstände sind bereits im zeitigen Frühjahr ausgebildet.

Typisch für die Hochmoorgesellschaften sind natürlich die zahlreichen Torfmoosarten, deren Biomasse über Jahrtausende den eigentlichen Torf bildet. Das Erscheinungsbild der Torfmoose geht von grünen und weißlichen bis zu rötlichen Formen. Einige haben einen lockeren Wuchs, bei anderen wiederum sind Stängel und Blättchen dicht und kompakt. Torfmoose haben eine hohe Wasserspeicherfähigkeit und führen zur Versauerung des umgebenden Wassers, welche die Besiedlung durch andere Pflanzen verhindert. Über Jahrhunderte wird die Torfmoosbiomasse durch ihr Eigengewicht zu Torf zusammengepresst. Heute findet man im Emsdettener Venn noch acht Torfmoosarten, die auf der Roten Liste der gefährdeten Moose stehen. Bei der Bestimmung der oft schwer voneinander zu unterscheidenden Torfmoose hat mir mehrfach der in Nordrhein-Westfalen bekannte Mooskundler Dr. Carsten Schmidt geholfen. Die Kartierung der Hochmoorlebensraumtypen 2014 und 2021 hat ergeben, dass zwei von ursprünglich zehn auf der Roten Liste stehenden Torfmoosen heute nicht mehr zu finden sind, eine Folge der bereits oben erwähnten Trockenjahre.

Auf den Torfmoosbulten wächst neben der Moosbeere, die mit Heidel- und Preiselbeere verwandt ist, auch der Rundblättrige Sonnentau, eine fleischfressende Pflanze. Seine Blätter haben feine Tentakel, an deren Spitze sich ein klebriges Sekret befindet, das für Insekten zur tödlichen Falle wird. Die so gefangene Beute wird durch Enzyme aufgelöst und die Nährstoffe dann aufgenommen. Diese Lebensweise des Sonnentaus ist eine Anpassung an die extreme Nährstoffarmut auf den Torfmoosbulten. Zur Nährstoffversorgung werden eben nicht nur die Wurzeln gebraucht, sondern auch die mit Tautropfen besetzten Blätter.

Sonnentau, Mischtechnik, 15 x 15 cm

So vielfältig das Hochmoor im Emsdettener Venn auch ist, aufgrund des Fehlens wichtiger Kennarten, der nur rudimentär ausgebildeten Hochmoorbulten und Schlenken sowie dem gestörten Wasserhaushalt spricht man hier nicht von einem lebenden Hochmoor, sondern von einem „noch regenerierbaren, geschädigten Hochmoor".

Dieses steht in engem Zusammenhang mit der viel diskutierten CO2-Senke, bei der das klimaschädliche Kohlendioxid durch Torfwachstum dauerhaft gebunden wird. Hierzu fanden 2009 Untersuchungen des Institutes für Landschaftsökologie der Uni Münster statt. Neben der Beprobung des Torfkörpers wurden auch mikrometeorologische Messungen mit aufwändiger Apparatur durchgeführt. Dabei hat man festgestellt, dass im Emsdettener Venn lediglich am Tag bei ausreichender Feuchte Torfwachstum zu einer Bindung des Kohlendioxids führte. In der Nacht wurde mit der Atmung durch die Pflanzen wieder CO2 freigesetzt. Hieran sieht man, wie schwierig eine Regeneration des Hochmoores ist, vor allem vor dem Hintergrund des Klimawandels mit seinen oft sehr trockenen und heißen Sommern.

Im September 2015 fanden an zwei Tagen mit riesigem Aufwand Dreharbeiten zum Film PAULA (Paula Modersohn-Becker) statt. Die Pandora Film Produktion GmbH hatte sich das Emsdettener Venn als Kulisse für eine 5 Millionen Euro teure Produktion ausgesucht, mit der das Leben der Malerin Paula Modersohn-Becker verfilmt wurde. Im Vorfeld gab es zahlreiche Abstimmungen mit der Unteren Landschaftsbehörde und der Biologischen Station. Für den erforderlichen Nebel als schaurig-stimmungsvollen Hintergrund war der Einsatz von Propylenglykol erforderlich. Aufgrund seiner starken Wasseranziehungskraft (stark hygroskopisch) wurde diese Chemikalie nicht in der Nähe zu Torfmoosgesellschaften zugelassen. Die ohnehin durch Trockenheit gestressten Moose durften nicht zusätzlich geschädigt werden. Ein Kuriosum der aufwändigen Dreharbeiten: Im Film dauerten die Szenen aus dem Venn lediglich 10 Sekunden!

Als weitere Hochmoor-Degenerationsstadien sind Heideformationen ausgebildet. Hier wachsen an trockenen Standorten Bestände mit Besenheide, in denen als Besonderheit auch der Zweizahn vorkommen kann, ein kleines Gras, welches auch in Borstgrasrasen zu Hause ist. In den feuchten Heidebeständen ist die Glockenheide mit ihren graugrünen Blättchen und den glockenförmigen, rosafarbenen Blüten die kennzeichnende Art. Auf torfigem oder auch sandigem Untergrund gesellen sich hierzu das Sumpf-Blutauge und der Mittlere Sonnentau, die zweite fleischfressende Pflanze im Venn.

Im Bruchwald, Öl/Lw., 80 x 100 cm

8.3 Moorwälder

Vor allem im Süden und Norden des Venns, teilweise auch im Osten, grenzen Moorwälder an den offenen Moorkomplex. Als zentrale Vegetationseinheiten sind hier Birkenbruchwälder bzw. Birken-Moorwälder ausgebildet. Auch hier befinden sich ehemalige Torfstiche, die teilweise noch hochmoortypische Pflanzenarten beherbergen. Wichtige Voraussetzung für einen Moorwald ist das dominante Vorhandensein der Moor-Birke. Alle ihre Blätter sind weich behaart, im Gegensatz zur Sand-Birke (auch Hänge-Birke genannt), bei der nur die jungen, frisch entfalteten Blätter einen Haarflaum haben. Eine weitere Voraussetzung für eine Einstufung als Moorwald ist, dass Torfmoose mindestens 10 % Flächenanteil einnehmen. Aufgrund der Trockenheit in den vergangenen Jahren sind heute viele der noch vor 20 Jahren als Moorwälder kartierten Gehölzbestände derart trocken gefallen, dass nur in feuchteren Bereichen noch kleine Restbestände an Torfmoosen und hochmoortypischen Pflanzenarten wie zum Beispiel Wollgräser zu finden sind. Unter den gefährdeten Arten wächst in den Moorwäldern vereinzelt auch eine strauchartig wachsende Pflanze, der Gagel. Seine graugrünen Blätter haben ätherische Öle, die einen aromatischen Geruch verbreiten. Der Gagel wurde früher zum Bier brauen genutzt. Die in Deutschland geschützte Art wird in Blumenläden für Trockensträuße verarbeitet und zu diesem Zweck aus England importiert.

Weitere besondere und auf der Roten Liste stehende Pflanzenarten in den Moorwäldern sind der anmutige Königsfarn mit seinen unterschiedlich ausgebildeten Farnwedeln, der recht kleine Sumpf-Farn und die Preiselbeere mit ihren immergrünen Blättern.

Weniger erfreulich ist das Vorkommen eines sogenannten Neubürgers oder lateinisch Neophyten, nämlich Frasers Auenhartheu, eine Art, die verwandt mit unseren Johanniskräutern ist. Ihre Heimat sind sumpfige Standorte in Nordamerika. Vermutlich wurde sie über Samen um die Jahrtausendwende eingebracht. Mittlerweile hat sie sich sowohl im offenen Hochmoor als auch in den Moorwäldern im Emsdettener Venn teilweise massiv ausgebreitet. Sie bevorzugt hier die Ränder von Torfstichen und die nasseren Hochmoorbereiche und konkurriert dort mit Wollgras und Torfmoosen um Licht und Wasser. In den oben erwähnten Trockenjahren war sie zum Glück leicht rückläufig. Das Emsdettener Venn ist bislang das einzige Gebiet in Deutschland, in dem das Auenhartheu nachgewiesen wurde.

8.4 Grünland

Ein wichtiger Puffer für das Naturschutzgebiet Emsdettener Venn ist der Grünlandgürtel, der mit seinen extensiv genutzten Feucht- und Nasswiesen große Bedeutung für stabilere Wasserverhältnisse im Hochmoor und in den Moorwäldern hat. Die Feuchtwiesen mit ihren für die Wiesenvögel angelegten Flachwassersenken, den sogenannten Blänken, sind auch Lebensraum für viele gefährdete Pflanzenarten. Eine wichtige Voraussetzung für den Erhalt und die Entwicklung der Wiesen und Weiden ist neben einem ausreichend hohen Grundwasserstand die extensive Nutzung. Das heißt, die Wiesen müssen ein- bis zweimal im Jahr gemäht werden. Eine Düngung mit Stickstoff sollte möglichst unterbleiben. Daneben gibt es auch Weideflächen, auf denen Rinder und/oder Pferde grasen und mit ihrem selektiven Fraßverhalten für strukturreiches Grünland sorgen. Da die meisten Flächen im Schutzgebiet in Eigentum des Kreises Steinfurt sind, lassen sich diese Vorgaben sehr gut realisieren. Die Flächen sind an interessierte Landwirte zu einem geringen Pachtzins verpachtet. Die Einhaltung der Bewirtschaftungsvorgaben wird von den Mitarbeitenden der Biologischen Station überwacht und bei Bedarf eingefordert. Viele der über den sogenannten Vertragsnaturschutz gebundenen Landwirte nutzen gern die Beratung zur naturschutzgerechten Grünlandbewirtschaftung.

Extensive Grünlandnutzung mit geringer Mahdhäufigkeit, geringem Viehbesatz und ausbleibender Stickstoffdüngung führt mittel- bis langfristig zu artenreichen, mageren Wiesen und Weiden mit vielen buntblühenden Kräutern. Diese locken wiederum Insekten an, die auch als Nahrungsgrundlage für die Wiesenvögel dienen. In dem feuchten und zum Teil nassen Grünland finden sich gefährdete Arten wie die rosa blühende Kuckucks-Lichtnelke, die gelbe Sumpfdotterblume oder die Trauben-Trespe, ein typisches Gras der Feuchtwiesen. Häufig anzutreffen sind darüber hinaus verschiedene Seggen (Sauergräser) und Binsenarten. Als seltenes Highlight wachsen dort hin und wieder auch Orchideen wie das Gefleckte und das Breitblättrige Knabenkraut. Ihre rosa gefleckten bzw. lila gefärbten Blütenstände verleihen den Wiesen besondere Farbtupfer.

Tiefer liegende Teilflächen in den Wiesen, in denen sich das Oberflächenwasser länger hält, bezeichnet man als Flutrasen. Hier können sich am besten Ausläufer treibende Pflanzenarten ausbreiten, die an wechselnde Wasserstände gut angepasst sind. Dazu zählen unter anderem der Knick-Fuchsschwanz, ein bogig aufwachsendes, niedriges Gras, und der Flammende Hahnenfuß, dessen gelbe Blüten auf Stängeln mit flammenförmigen Blättern sitzen.

Wollgras, Öl/Lw., 60 x 80 cm

8.5 Blänken - Sandwege

Um den Lebensraum für die Wiesenvögel stärker zu vernässen, wurden in den letzten 30 Jahren nicht nur Gräben verfüllt, sondern auch zahlreiche Flachwassermulden angelegt. Diese sogenannten Blänken sind 60 bis 80 cm tief und haben sehr flach ausgezogene Ufer, die in das Grünland übergehen. Ihre Größe liegt zwischen 800 und 3.000 Quadratmeter. An diesen Sonderstandorten finden sich die meisten gefährdeten Pflanzenarten des Grünlandgürtels, der das Hochmoor umgibt. Hierzu zählt der Wassernabel, bei dem der Blattstiel das runde Blatt mittig trägt. An vielen Blänken, aber auch in länger überstauten Flutrasen wächst häufig ein Ehrenpreis, dessen kleine Früchte eine runde Form haben, weshalb die Art Schild-Ehrenpreis genannt wird. Ebenfalls oft an Blänken anzutreffen ist der gefährdete Sumpfquendel, der im Uferbereich mehrere Quadratmeter große Flächen bedeckt. An neu angelegten oder auch sanierten Blänken, in denen offener Boden zutage tritt, siedeln sich sogenannte Pionierarten an, die beim Schluss der Grasnarbe in einigen Jahren wieder verschwinden. Dazu gehören der auch im Moor zu findende Mittlere Sonnentau (s.o.) und in seltenen Fällen der gefährdete Pillenfarn. Dieser nur wenige Zentimeter große Farn trägt am Grund seines pfriemlichen Farnwedels kugelige Sporenkapseln, die der Art ihren Namen geben. Ebenfalls an jungen Flachwassersenken wächst das stark gefährdete Gelbweiße Ruhrkraut. Auch Sauergräser kommen in vielen Blänken vor. Unter anderem sind dies die Schnabel-Segge, die Graue Segge und die Braune Segge.

Ein weiterer besonderer Standort sind Sandwege, die im Emsdettener Venn noch kleinflächig vorhanden sind. Hier wachsen oft seltene Arten der sogenannten Magerrasen, meist neben der Fahrspur am Wegrand. Als Seltenheiten sind dort die nur wenige Zentimeter große Frühe Haferschmiele und das Borstgras zu finden. Bei den Planungen und der Verwirklichung eines Radweges 2010 rund um das Schutzgebiet sollte dieser zunächst komplett mit Sandsteinschotter ausgebaut werden. Ein Abschnitt des Weges im Nordwesten des Venns durfte jedoch wegen des Vorkommens der Magerrasen nicht festgelegt werden. Hier besteht der Weg heute noch aus reinem Sand. In trockenen Sommern muss dort auch einmal das Fahrrad geschoben werden. Für den Erhalt der seltenen Arten sollte dieses "Opfer" in einem Naturschutzgebiet nicht zu groß sein.

Im Zuge des Radwegebaus wurde am südlichen Umringweg ein zusätzlicher und barrierefreier Turm zur Beobachtung von Wiesenvögeln gebaut. Bestrebungen zu besseren Beobachtungsmöglichkeiten im Venn von Seiten der Umweltverbände Emsdetten gibt es bereits seit Ende der 1990er Jahre. So wurde 1998 der erste Teilabschnitt eines Moorlehrpfades im Nordosten des Venns realisiert. Aus dieser Zeit stammt auch die erste Auflage einer Broschüre zum Emsdettener Venn. 2006 wurde dann der Lehrpfad nach Süden hin erweitert, der gleichzeitig als Stau zur Verhinderung der Moorentwässerung dient.

Dr. Peter Schwartze, Biologische Station Kreis Steinfurt

9 Die Sagenfrau
- Friedel Hesseling

„Schaurig ist's übers Moor zu gehen"... Aber bevor wir ins Hochmoor kommen, geht's entlang des Hindenburgdamms, der als markante Birkenallee ein besonderes Wahrzeichen des Venns ist. Sobald sich der Frühnebel verzieht, bietet der alte, historische Weg ins Venn zu jeder Jahreszeit ein Bildmotiv voller Ausdruckskraft und Schönheit.

Es ist die Birke! In früheren Zeiten diente sie als Hofschmuck bei Schützenfesten und Hochzeiten oder war auch als Brennholzlieferant beliebt. Insbesondere nach dem II. Weltkrieg wurden, aus der Not geboren, aus dem Birkenholz Holzschuhe gemacht. Auch die Vogelwelt liebt die Birke. Zeisige und Finken finden in den Birken ihre Brutplätze. Für unzählige Insektenarten bilden die alten Bäume ein wahres Eldorado, zahlreiche verschiedene Schmetterlingsarten mit ihren Raupen finden in den Birken ihr Futter und ihren Brut- und Lebensraum.

Aber der Zahn der Zeit nagt permanent an den Alten Birken, die vor über 100 Jahren dort als robuste Wegmarken, auch als Schutz für die Überlandreisenden gepflanzt wurden. In guten Zeiten kann die Birke über 100 Jahre alt werden. Der Klimawandel stellt sie indes vor neue Herausforderungen. So gab es vor einigen Jahren heftige Sturmereignisse, die Lücken in der Allee entstehen ließen. Und nach den viel zu trockenen und heißen Sommern mussten inzwischen die meisten der alten Bäume gefällt werden. Zwar böte auch das Totholz einen veritablen Lebensraum, aber hier gilt allein die Verkehrssicherungspflicht.

Noch haben die meisten der alten Bäume nicht ihr höchstes Lebensalter erreicht, dennoch werden sie zunehmend anfälliger und scheinen für die veränderten Klimabedingungen nicht allzu gut gewappnet zu sein.

Ludwig mit seinen Geschwistern um 1940, Foto: Klasing

Über diese Birkenallee führt die „Sagenfrau“ Barbara Tillmann seit 30 Jahren Gruppen von zahlreichen interessierten Mitbürgern mit auf eine Moor- und Sagenwanderung durch das Emsdettener Venn und neben der Lebensgeschichte von Annette von Droste Hülshoff gibt sie auch die alten Sagen unserer Heimat zum Besten und erzählt alles, was sich um das Moor rankt. Dabei folgt sie den Spuren der charismatischen Dichterin und interpretiert ihre Gedichte und ihre Geschichten gefühlvoll und mit viel Hintergrundwissen.

„Oh schaurig ist´s übers Moor zu gehen, wenn es wimmelt vom Heiderauche“, so die ersten Zeilen der Ballade vom Knaben im Moor, geschrieben von ihr, der Heimatdichterin Annette von Droste Hülshoff. Sie hatte ihre erste Gedichtfassung in ihrem Exil fern von der westfälischen Heimat im Jahr 1842 in Meersburg am Bodensee geschrieben. „Die Droste“ sei ihrerzeit ziemlich unglücklich gewesen, als eine junge Frau, die in die falsche Zeit hineingeboren wurde. Von Adel und von der Kirche geprägt und von einer strengen Mutter erzogen, scheiterte ihre erste große Liebe. Als modern denkende junge Frau, wie sie heute selbstverständlich erschiene, war sie zu ihrer Zeit in den Zwängen der patriarchalen Welt gefangen. Sie lebte in einem Schneckenhaus. Damals suchte und fand sie ihre Freiheit in ihren Gedichten und Texten. Dies nur als Anmerkung zu ihrer lesenswerten Biografie.

„Ich konnte mich schon in früher Jugend immer für Geschichten und Heldensagen begeistern“, wie sich Barbara Tillmann gern erinnert. Diese alten Geschichten, Märchen und Sagen aus vergangener Zeit, die sich der so genannte Volksmund in jedem Dorf oder Gemeinde zu erzählen wusste, wurden von Generation zu Generation weiter erzählt und selten aufgeschrieben. Und wie es bei der stillen Post üblich, wandelten sich die Geschichten mit der Zeit. Für viele Zeitgenossen verlor sich in den letzten Jahren zudem das Hintergrundwissen und Vieles geriet in Vergessenheit. *„Diese Geschichten dürfen nicht verloren gehen“*, so ihre Intention, mit der sie aus ihrem Hobby ihre Profession werden ließ.

Im Gegensatz zu damals, als es hinter dem Rüschhaus, wo Annette von Droste zu Hülshoff lebte, hinter dem kleinen Wäldchen eine feuchte moorige Niederung gab und wo im Herbst nebelige Schwaden waberten, ist es heute im Venn eher weniger schaurig. Schließlich bildet das Emsdettener Venn nur den Rest einer ehemaligen großräumigen Moorlandschaft, in der auch Moorleichen ihr zuhause hätten finden können. Barbara Tillmann erweckt die Sage vom Emsdettener Viennmöerken mit Leben:

„Zu jeder Jahreszeit kann man im Venn viel beobachten und lernen. Das haben Kinder früher auch gewusst und sind gerne ins Venn - aber die Mütter hatten Angst um ihre Kinder und haben ihnen folgende Geschichte erzählt: Kinder geht nicht ins Venn, denn im Venn da wohnt das Vienmöerken - und wenn die Euch sieht, wo ihr nicht hingehört, macht sie ihre Arme breit, schließt Euch darin ein und ihr findet nie - hört ihr - nie wieder heim. Gesehen hatte diese Dame keiner, aber dass sie dort ist, weiß ein jeder. Sie steht irgendwo hinter einem Baum oder Strauch und passt ganz genau auf, dass die Menschen auf den Wegen bleiben. Wenn man die Wege verlässt, kann es sein, dass man ihr in die Arme läuft und nicht wieder heim findet. Wenn man manchmal zu nah an die Wegesränder kommt, spürt man die langen Fäden von ihrem Schultertuch - die kleine Warnung, nicht von den Wegen abzukommen.“

Zu Drostes Zeiten steckte die Natur noch voller ungezügelter Gewalten. Die moorigen Sümpfe und Blänken bargen Gefahren, die damals für unerfahrene Menschen tödlich sein konnten.

„Wer vom nebeligen Eiswind geküsst wird, hat morgen eine Lungenentzündung und ist übermorgen tot“, so die Weisheit die uns die Sage vom Heidemann erzählen will.

„Der Heidemann ist ein gut aussehender junger Mann, der sich im Moor und auf der Heide aufhält, gerne in der Nähe der Schlagbäume, und gerne bei Wind und Sturm.

Er trägt einen langen, schwarzen Mantel und schwarze Lederschuhe mit silbernen Schnallen – zu einer Zeit, wo die meisten Menschen Holzschuhe an den Füßen hatten. Wenn der Heidemann in der Nähe ein hübsches junges Mädchen sieht, geht er auf sie zu, nimmt sie unter seinen Mantel und führt sie über das Moor. Am Rande angekommen lässt er sie los, allerdings küsst er sie vorher auf den Mund. Das junge Mädchen geht nach Hause, erzählt, was ihr geschehen ist. Dann legt sie sich ins Bett – und ist am nächsten Morgen tot."

Barbara Tillmann spannt ihren Erzählbogen bei aufsteigenden Nebelschwaden über den Moorwiesen und lässt etwas Schauer in der Magengrube aufkommen.

„*Die Moorgeister stecken in jeder Pflanze und jedes Getier hat dort den richtigen Platz. Es sind diese Mythen aus der alten Zeit, in der die Menschen noch panische Angst hatten, durchs Moor zu gehen*", so ihr penibler Hinweis, doch auch heute mit der Natur fair umzugehen. „*Schließlich stecken in den Sagen Botschaften aus alten Zeiten, die nur gehört und gedeutet werden müssen*", so ihr Motto, mit dem sie für die Bewahrung einer alten Tradition wirbt.

Sie durchstöbert gern alte Biografien und findet dabei immer neue Versionen von Lebensgeschichten voller Naturweisheiten. Die Natur als Bewahrenswertes schützen, sei mehr als eine Generationenverpflichtung. „*Schließlich ist die Tradition nicht die Hüterin der Asche, sondern die Weitergabe des Feuers*", wie sie ihr Lebensmotto vertiefend beschreibt. „*Spät haben die Menschen erkannt, dass der Schutz der Moorgebiete auch für die Menschen überlebenswichtig ist*", wie sie bei jedem Halt auf der Wanderung auf die Schönheit im Detail hinweist. Jeder Frosch, der laut quackt und jeder Schmetterling, der frei die Landschaft durchkreuzt, lebt im Netzwerk einer ausgewogenen Natur. Man müsse nur genauer hinschauen, um der Natur auf die Spur zu kommen. Zwischen den Zeilen wirbt sie dabei für einen offenen Rückblick in vergangene Zeiten. „*Wenn man dann die verteufelten Kirchenglocken in einer Kolke im Moor hört oder der Fisch aus dem Moor mit dir spricht, dann stimmt das Bauchgefühl*", wie sie aus den dazu gehörigen Sagen zu erklären weiß. „*Natur erleben, findet man nicht im Museum!*" so das Fazit aus weiteren Sagen.

Wie im Fluge sind dann mehr als zwei Stunden Moorwanderung schnell vorbei und die Dämmerung wirft schaurige Schatten über die Landschaft und der Mensch begibt sich gedankenvoll auf den Heimweg. Das Moor sieht man anschließend mit etwas anderen Augen.

Friedel Hesseling, Autor

.0 Mein Leben mit wilden Tieren

10.1 Zahlreiche Arten

Meine Großeltern hatten am Rand einer Bauernschaft in Rheine eine große Gärtnerei. Auch Kühe, Schweine und Hühner bevölkerten den Hof. Meine Eltern erzählten, dass man mich einmal gesucht und im Stall gefunden habe. Schlafend, den Hals eines Kälbchens mit dem Arm umschlungen. Ich war drei Jahre alt. Ein paar Jahre später nahm ich aus einem Stall mit zahlreichen Ferkeln eines der kleinen Schweinchen heraus und gab es in einen Stall mit einer Sau, die keinen Nachwuchs hatte. Es zappelte stark und ich konnte es kaum halten. Ich erinnere mich noch, dass es im Stall laut wurde. In Todesfurcht quiekte das Ferkel laut auf, denn die Sau war dabei, es zu töten, es war ja nicht ihr eigenes. Das war mir zu dem Zeitpunkt natürlich nicht bewusst. Meine Oma kam angerannt und ich bekam einige Backpfeifen. Ob das Ferkel gerettet werden konnte, weiß ich nicht. Die einzelne Sau hatte mir leid getan.

Als Jugendlicher fuhr ich fast täglich nach der Schularbeit acht Kilometer mit dem Rad in die Bauernschaft. Auf dem einige Kilometer weiter gelegenen ehemaligen stillgelegten Flugplatz Bentlage in Rheine gab es in den zahlreichen mit Wasser gefüllten Bombenkratern viel zu entdecken. Es wimmelte von Stichlingen und Molchen in Zahlen, von denen man heute nur träumen kann. Gelegentlich wurden einige Molche oder Stichlinge mit nach Hause genommen, um das Brutgeschäft in großen Aquarien zu erleben und zu bewundern. Der Nachschub an Futter, Mückenlarven und Wasserflöhe, wurde alle paar Tage aus diesen Tümpeln geholt. Auf dem Weg durch die Bauernschaft wuchtelten zahlreiche Kiebitze über den Äckern und mehrere Feldlerchen sangen gleichzeitig in der Luft. Feldblumen blühten am Wegesrand, ein Eldorado für Insekten und Singvögel.

Mein Vater baute ein großes Terrarium, als ich 16 Jahre alt war. Darin lebten einige Zauneidechsen. Ich brachte meiner jüngeren Schwester bei, wie man Käfer und Regenwürmer fängt, schließlich hat ein sechzehnjähriger Jugendlicher in der Freizeit auch anderes zu tun. Anfangs zog meine Schwester die Hand jedesmal zurück, wenn ich einen Wurm darauf legte, aber nach und nach gewöhnte sie sich daran und war mir fortan eine große Hilfe bei der Versorgung der Eidechsen.

Später, als ich in Emsdetten eine Familie gegründet hatte, baute ich große Gehege. Zu damaliger Zeit wurden mir Unfallopfer aller möglichen Gattungen gebracht. Diese wurden in den Gehegen gehalten, bis sie wieder ausgewildert werden konnten. Häufig hielt ich Tiere nur eine Zeitlang zu Studienzwecken, wie z.B. einen kleinen Hecht im Aquarium oder eine Ringelnatter im Terrarium. Ein verunfallter Buntspecht bewohnte einmal einige Tage das Badezimmer, weil keine Voliere frei war. Der dort hineingestellte Baumstumpf wurde nun fleißig bearbeitet, so dass der Boden in kurzer Zeit mit Sägespänen belegt war. Auch Steinmarder, diverse Eulen, Rebhühner, Wespenbussarde und weitere Vögel waren zeitweise Gast. So erwarb ich mit der Zeit ein umfangreiches Wissen über das Wesen der Tiere und ihr Verhalten. Die Gehege brachten für mich den unschätzbaren Vorteil, das Verhalten der Tiere, die ich in der Natur meist aus der Ferne beobachtet hatte, in unmittelbarer Nähe studieren zu können, um sie malerisch festzuhalten. Ich möchte so nah wie möglich an meine Subjekte heran und strebe eine bestimmte Intimität an, die mir Einblicke in das Temperament und die mystische Macht der Wildtiere gewährt. Wie soll man ein Tier verstehen, wenn man es nicht sozusagen „in der Hand" gehabt hat oder ihm nahe gewesen ist? Da ist nicht nur die sachliche Faszination, die Beobachtung eines Tieres mit dem Fernglas, sondern auch ein Gespür dafür, wie es lebt, was es fühlt. Für mich war und ist dies die Grundlage meiner Malerei.

Anfang der 1970er Jahre wurde mir ein Singvogelküken gebracht, das nur wenige Tage alt sein konnte. Später entpuppte sich dieser Vogel als ein Fliegenschnäpper. Da ich in meiner Jugend verschiedene Singvögel gehalten hatte, vom Hänfling bis zur Nachtigall, hatte ich genügend Erfahrungen gesammelt, um diesen kleinen Vogel aufzuziehen. In einem Blumentopf nahm ich ihn mit ins Büro. Damals war ich Beamter in der Kreisverwaltung. Alle zwei Stunden wurde er während der Öffnungszeiten unten am Boden unter einer Rotlichtlampe gefüttert, ohne dass das Publikum etwas bemerkte, weil die Theke die Sicht versperrte. Irgendwann war der kleine Fliegenschnäpper aus dem Blumentopf gehüpft und meine Schwiegermutter übernahm die weitere Pflege. Da die Aufzucht im Büro gut geklappt hatte, nahm ich Jahre später auch gezüchtete Sperberküken mit ins Büro und zog sie dort für zwei Wochen auf.

Zu einem anderen Zeitpunkt bekam ich von einem Landwirt ein „kaputtes" Ei. Es handelte sich um ein vier Zentimeter großes dunkel gesprenkeltes Turmfalkenei, welches angepickt war. Es war deutlich Leben darin zu spüren, als ich es wärmte. Ich wohnte noch zur Miete im ersten Stock. Das Ei wurde im Keller in eine Schale gelegt, darüber ein Infrarotstrahler. Alle zwei Stunden wurde nun das Ei etwas befeuchtet und gewendet. Als ich den Schlupf nicht mehr erwartete, denn nach dem Anpicken schlüpft ein Turmfalke nach zwei Tagen, schlüpfte einen Tag später doch ein gesundes Küken. Die Verzögerung hatte wohl damit zu tun, dass der Infrarotstrahler keine konstante Wärme abgibt und in Abständen neu gerichtet werden musste, wenn die Temperatur zu niedrig oder ein anderes mal ein wenig zu hoch war. Eine Brutmaschine besaß ich zu der Zeit noch nicht. Alle zwei Stunden wurde das Küken auch nachts gefüttert, weil ich fürchtete, dass es tagsüber nicht genug zu sich nahm. Nach heutigem Wissen war das unsinnig und unnötig. Einmal stieß ich oben an der Treppe nachts um zwei Uhr einen Eimer um, der polternd die Treppe herunterflog. Ich wohnte anfangs noch zur Miete. Der Hund des unteren Mieters bellte anhaltend und weckte die Bewohner des Hauses auf. Der Turmfalke wuchs ohne Probleme heran und entwickelte sich zu einem schmucken Männchen.

Später baute ich ein Haus und es entstanden auch Zuchtanlagen für Greifvögel. Den Anfang machten Sperber, die zu dem Zeitpunkt unter DDT sehr gelitten hatten und selten geworden waren. Zahlreiche Versuche, die passenden Partner zusammenzustellen, scheiterten. Problematisch war vor allem, dass diese zusammengestellten Vögel, die aus der freien Wildbahn stammten, mehr oder weniger starke Unfälle erlitten hatten. Es war nicht ratsam, ein Männchen mit Flügelbruch zu einem Weibchen zu gesellen, das eine geringere Beschädigung aufwies. Umgekehrt war es sinnvoller. Wenn das größere Weibchen stärker gehandycapt war als das kleine Männchen, konnte es in der Zuchtanlage nicht vom Weibchen während der aggressiven Phase gejagt werden. Diese Phase tritt ein, bevor das Weibchen bereit ist, das Futter vom Männchen anzunehmen. 1977 gab es den ersten Bruterfolg. Ich gehörte zu den ersten Züchtern in Deutschland, denen es gelang, Sperber nachzuzüchten. Regelmäßig wurden in den folgenden Jahren die gezüchteten Jungsperber im Garten, der am Kiefernwäldchen des Wasserschutzgebietes anschloss, ausgewildert. Vier bis fünf Wochen konnte ich mich nun jedes Jahr an den Flugspielen der jungen Sperber während der Bettelflugperiode erfreuen. Auch in der Natur bleiben Jungvögel in dieser Zeit in der Nähe des Horstes, das machte ich mir zunutze. Später bevölkerten Zuchtpaare mit Merlinen und Habichten die Abteile. Auch verunfallte Rohrweihen bewohnten einige Jahre die Anlagen. Nach zwei Jahren baute ein Paar sein Nest auf dem Boden.

Im Jahr 1994 gab es eine Überraschung in der Greifvogelcommunity: Mein Freund Heinz Brüning und ich züchteten die ersten Habicht x Sperber-Hybriden der Welt! Seit einigen Jahren hatten wir spekuliert, ob es möglich sei, Mischlinge zwischen Habicht und Sperber zu erzeugen. Diese Vögel sind sich ähnlich, unterscheiden sich aber deutlich in der Größe. Es lag uns fern, einen „besseren" Beizvogel designern zu wollen. Uns trieb einfach die Neugier und zudem wollten wir den Beweis liefern, dass künstliche Besamung bei Habichten möglich ist. Dies wurde lange Zeit von Naturschützern angezweifelt und den Züchtern vorgetäuschte Zuchten mit ausgehorsteten Eiern unterstellt.

Der erste Versuch 1993 mit meinem jagdlich geflogenen menschengeprägten Sperberweibchen in meinen Volieren und dem menschengeprägten Habichtsterzel (Männchen) von Heinz Brüning schlug fehl. Balz- und Brutzeit sind bei Habicht und Sperber unterschiedlich. Habichte beginnen die Brut im März/April und Sperber erst im Mai. Im Jahr darauf war das Habichtsmännchen ziemlich lange in Kopulationsstimmung. Von Menschen aufgezogene Greifvögel sind auf diesen fixiert (geprägt) und sehen im Menschen den Partner. Der Mensch simuliert beim Habichtsmännchen das Weibchen, indem er ihm regelmäßig das Futter abnimmt und mit ihm einen Horst baut. Mit dem weiblichen Sperber simulierte ich die Beuteübergabe in der Zuchtkammer. Ich brachte häufig Futter und half beim Horstbau. Die künstliche Besamung nahm Heinz Brüning vor und wir harrten er Dinge, die da hoffentlich kommen sollten.

Gegen Ende Mai durchleuchtete ich die vier Eier und ich konnte mein Glück kaum fassen, als ich Leben darin entdeckte. Alle vier Küken schlüpften und schon nach drei Wochen konnte man deutlich sehen, dass sie die Größe der Sperbermutter überschritten hatten. Wir ließen es uns nicht nehmen, den Erfolg mit einer Party zu feiern, zu der Freunde, Falkner, Vertreter der Unteren Naturschutzbehörde und die Emsdettener Presse eingeladen waren.

Dass der früher gebräuchliche Name „Hühnerhabicht" eine ganz andere, geradezu bizarre Bedeutung bekommen kann, zeigte sich, als ich dem auf den Menschen geprägten Beizvogel meines Freundes, den ich zu Studienzwecken für einige Monate ausgeliehen hatte, zu Ende seiner Brutzeit Küken von Hühnern unterschob. Anstandslos zog der Habicht einen Hahn und eine Henne mit kleinen Fleischbröckchen von Futtertieren auf. Kükenaufzuchtfutter holten sich die Küken nebenher außerhalb des Nestes in einem Autoreifen, der auf dem Boden lag. Nach zwei Wochen übernachteten sie auf einer Sitzstange, den Habicht zwischen sich. Sobald sie meiner ansichtig wurden, sprangen sie herunter und lasen das Aufzuchtfutter auf. Als der Habicht ab September nicht mehr füttern wollte, rissen die Hühner ihm das Futter aus den Fängen, was sich der Habicht ohne Gegenwehr gefallen ließ. Später versuchte der Hahn auf dem Habicht zu kopulieren, was dieser aber deutlich abwehrte. Dieses Experiment wurde beendet, als Heinz Brüning seinen Habicht im Oktober wieder an sich nahm.

Ein unvergessenes Erlebnis war die Aufzucht eines Fuchswelpen. Wenn meine Familie beim morgendlichen Kaffeetrinken auf dem Freisitz saß, machte er auf sich aufmerksam, indem er Spielgegenstände, z.B. einen kleinen roten Plastiktopf, in die Höhe warf. Da ich den Welpen vom Alter her etwas zu spät bekam, gewöhnte er sich nicht so gut an mich. Umsomehr war ich erstaunt, dass mein damals 10jähriger Sohn Stephan und meine 8jährige Tochter Christina mit dem Füchslein spielen konnten. In der Folgezeit nahmen wir ihn dann mit ins Auto, wenn wir Freunde, die ebenfalls Kinder hatten, besuchen wollten. Diese konnten mit dem Fuchs spielen, wie mit einem Hundewelpen.

Eine für mich besondere Situation entstand in einem Jahr, als ich beschloss, nicht nur Kaulquappen aufzuziehen, bis sie an Land gingen, das hatte ich schon mehrmals erlebt, sondern ich wollte das Heranwachsen darüber hinaus begleiten. Ein großes Aquarium wurde also umfunktioniert, mit einem niedrigen Wasserstand und einem Ufer aus Kieseln und Sand. Dieses stellte ich an ein Nordostfenster. 15 winzige Fröschlein beherbergte nun dieses Terrarium, nachdem sie an „Land“ gegangen waren. Durch die Ernährung, vor allem mit Fruchtfliegen, die man in einer Zoohandlung heutzutage kaufen kann, entwickelten sie sich rasch. Ich hatte meine Freude daran, mit welcher Vitalität sie die Fruchtfliegen fixierten und ansprangen. Nach einigen Wochen waren die Wasserfrösche sehr unterschiedlich groß und saßen oft im Knäuel neben- und übereinander. Als sie mehr als halbwüchsig waren, wurden sie wieder in ein passendes Biotop entlassen.

10.2 Erlebnisse mit Amseln und Rotkehlchen

Nach dem Tod meiner Frau zog ich nach Burgsteinfurt in eine Mietwohnung. Hier habe ich nur einen kleinen Blumenvorgarten und seitlich des Hauses eine Rasenfläche. Ganz verzichten auf wildlebende Vögel wollte ich aber nicht. Jedes Jahr gelang es mir, ein Amselmännchen ab März mit Mehlwürmern anzulocken. Bekannt ist, dass Amseln und Rotkehlchen während des Frühjahrs den Menschen manchmal bei Gartenarbeiten begleiten, um einen ausgegrabenen Bissen zu ergattern; Hausbesitzer und vor allem Gärtner kennen das.

Wenn dann im Folgejahr im März eine Amsel vor meinem Auto stand, nachdem ich von einer Besorgung zurückgekommen war, konnte man davon ausgehen, dass es die Amsel aus dem Vorjahr war. So waren im Laufe der Zeit mehrmals Amseln drei Jahre lang von März bis Juli „bei mir“. Nach Aufzucht der zweiten Brut gingen sie wieder eigene Wege.

2024 saß schon im Februar ein Amselmännchen aufgeplustert in einem Strauch, und als ich die an der Südseite des Hauses gelegene Haustür öffnete, flog die Amsel auf die kleine Mauer, die den Eingang nach sechs Treppenstufen an zwei Seiten umgibt. Es war die Amsel, die mich aus dem Vorjahr kannte. Nun hieß es, Mehlwürmer zu kaufen. In der nächsten Zeit verlief alles wie bisher. Morgens und gegen Abend wurden einige Mehlwürmer gegeben und sobald das Männchen diese im Schnabel sammelte und nicht selbst fraß, konnte man davon ausgehen, dass Junge im Nest lagen. Das Nest musste sich diesmal hinter dem Haus in einem anderen Garten befinden.

Nachdem die drei Jungvögel aus dem Nest geflogen waren, brachte das Männchen auch seine Partnerin mit. Auf der Rasenfläche war ich in den folgenden Tagen immer umgeben von fünf Amseln und einigen scheuen Haussperlingen, die versuchten, den Amseln das Futter vor der Nase wegzuschnappen.

Wenn ich von einem Einkauf zurückkam und mit dem Auto auf meinen Parkplatz steuerte, flog das Amselmännchen auf´s Auto zu, setzte sich auf´s Autodach, folgte mir anschließend zu Fuß den Weg entlang, hüpfte vor mir die sechs Stufen hoch und marschierte in den Flur. Wenn die Amsel dann zurück auf die Mauer flog, bekam sie ein paar Mehlwürmchen.

War ich hinter dem Haus bei den Mülltonnen, entdeckte sie mich manchmal und zischte auf meinem Rückweg wie der Blitz zwischen mir und dem Haus zur Südseite, bog ab zu den Stufen und hüpfte wieder hoch. An der Ostseite des Hauses befindet sich mein Wohnzimmerfenster. Eines Tages, ich arbeitete am PC, die Haustür an der Südseite des Hauses war geschlossen, sah ich aus den Augenwinkeln etwas Schwarzes neben mir auftauchen. Das Männchen war durch‘s geöffnete Wohnzimmerfenster geflogen. Die Rollläden waren wegen der Wärme auf 50 Zentimeter heruntergelassen worden. Für mich war es ein Rätsel, wie es mich gefunden hatte. Das wiederholte sich in der nächsten Zeit mehrmals.

Der Vogel folgte mir auf Schritt und Tritt. Las ich dann draußen in einem Buch, stand das Männchen auf dem Tisch daneben und wartete, manchmal eine schöne Melodie „für mich“ flötend. Daher gab ich das Lesen auf und ging ins Haus. Die Amsel sollte im Garten auch selbst etwas suchen. Nachdem auch die zweite Brut im Garten flügge wurde, kam „meine" Amsel abends noch einmal und stocherte lustlos im Futternapf. Einige Federn standen ab. Traurig verabschiedete ich mich, denn ich war mir sicher, dass sie vom Usutu-Virus befallen war. Ich sah sie nicht mehr wieder.

In diesem Jahr (2025) sang in der Hecke ein Rotkehlchen. Nachdem es einige Mehlwürmer genommen hatte, die ich mit dem Zeigefinger in Richtung des Vogels „geschnippt" hatte, wusste es nach kurzer Zeit, woher diese Leckerbissen kamen. Es dauerte aber noch eine Weile, bis das Rotkehlchen die auf dem Mäuerchen vor meiner Haustür gelegten Mehlwürmer entdeckte. Danach wurde es schnell zutraulich.

Während die Amsel auf Zuruf aus einiger Entfernung kam, war das Revier des Rotkehlchens hinter einem Nachbarhaus, so dass es meinen Ruf während der Nahrungsuche nicht hören konnte. Es war täglich zu unterschiedlichen Zeiten da und wartete auf mich. Die Hauptfütterungsperiode war, wie vorher schon bei der Amsel, während der Jungenaufzucht. Nachdem sich die erste Brut verstreut hatte, schluckte das Rotkehlchen die angebotenen Mehlwürmer selbst. Nach zwei, drei Tagen nahm es wieder drei bis vier Stück in den Schnabel, flog fort und kam nach kurzer Zeit wieder. Das heißt, das Weibchen musste schon, kurz nachdem die Jungen flügge waren und vom Männchen weiter versorgt wurden, erneut gebrütet haben. Man spricht von einer „Schachtelbrut".

Manchmal flatterte das Vogelmännchen um meinen Kopf herum und „rempelte" mich fast an, um mich zur Eile zu treiben, wenn ich im Begriff war, die Haustür aufzuschließen. Oder es drängte sich hinter meinem Rücken, oft unbemerkt, an mir vorbei, wenn die Tür geöffnet wurde. Wenn ich mich umdrehte, saß der kleine Vogel schon auf dem Futternapf im Flur. Dieser ist aus durchsichtigem Plastik, 15 x 20 Zentimeter groß und 6 Zentimeter tief. Vom Rand musste sich das Vögelchen weit hinunterbeugen, um an die Mehlwürmer zu gelangen. Wenn ich den Napf in die Hand nahm, flatterte das Vögelchen wie ein Kolibri heran.

In den Futternapf legte ich viermal täglich etwa 10 Mehlwürmer. (für je drei Flüge zu den Jungen) Der Vogel sollte ja hauptsächlich selbst etwas draußen im Garten suchen. Oft kam das Männchen auch schon mit einer Motte oder einem anderen Insekt im Schnabel zur Fütterung. Im Sommer ließ ich stundenweise die Haustür offen, damit sich der Vogel aus der Box bedienen konnte.

Eines Tages wunderte ich mich, dass der Napf leer war, obwohl die Haustür geschlossen war. Ohne dass ich es, am PC sitzend, bemerkt hatte, war das Rotkehlchen durch das an der Osttseite liegende halboffene Atelierfenster geflogen. Das Rotkehlchen nahm jeweils drei „Fuhren" Mehlwürmer und war anschließend wieder eine Zeitlang verschwunden.

An einem Tag saß ich bei halb geöffnetem Fenster und las. Plötzlich stand das Rotkehlchen auf der vor mir stehenden Tischlampe und wartete geduldig. Ich hatte vergessen, die Wohnzimmertür offen zu lassen, damit der Vogel das Futter aus dem Flur holen konnte. Das Rotkehlchen machte sich auch schon mal auf dem Fenstersims oder auf der Wohnzimmertür stehend, mit „tsitt-tsitt" bemerkbar, um gefüttert zu werden, wenn der Futternapf im Flur leer war. Nach drei Bruten ist „mein" Rotkehlchen wieder unabhängig und lässt sich nicht mehr sehen.

Requiem für die Tiere des Moores, Öl/Lw., 100 x 120 cm

11 Besorgnis über den gegenwärtigen Zustand in der Natur

11.1 Malerei – auch für den Artenschutz

Mit meinen Gemälden, die in den Ausstellungen der letzten zwei Jahrzehnte gezeigt wurden, möchte ich meine Besorgnis über den gegenwärtigen Zustand in der Natur zum Ausdruck bringen. Dabei habe ich mich bewusst dagegen entschieden, erschreckende oder bedrückende Bilder zu zeigen. Die Werkgruppe „Spuren" aus den 1990er Jahren thematisiert den Verlust von Landschaft, die Verdrängung von Naturräumen. Hier werden Prozesse der Umwelt(um)gestaltung sichtbar gemacht. Der Gemäldezyklus „Arche" verweist auf das fortschreitende Verschwinden von Tier- und Pflanzenarten. In mehreren Ausstellungen wurde jeweils ein großformatiges Gemälde mit einer Ansammlung von seltenen Tieren gezeigt. Während der Ausstellungseröffnung wurde dieses Bild mit schwarzer Farbe übermalt – übermalt, ausgelöscht – um auf das Aussterben der Arten aufmerksam zu machen. Diese Handlung irritierte die Besucher und regte zum Nachdenken an. 2017 organisierte ich eine Open Air Ausstellung im Emsdettener Venn. Es wurden großformatige Bilder, auf denen Baggerspuren abgebildet waren, aufgestellt, die einen Kontrast zur natürlichen Moorlandschaft herstellten.

Mehrmals bin ich mit Gruppen von Malern der Artist for Nature Foundation (ANF) für Buchprojekte unterwegs gewesen. Die Stiftung in den Niederlanden unterstützt Naturschutzprojekte, indem sie von den Reisen mit den Malern Bücher herstellt und so auf die Schönheiten oder Probleme der Orte hinweist. Bei meinem letzten Projekt mit ANF trafen sich mehr als 20 Künstler aus aller Welt im Frühjahr 2017 in Israel, um auf das Sinken des Wasserspiegels des Toten Meeres hinzuweisen. In Jordanien und Israel saßen wir am Toten Meer und in den umliegenden Schluchten, um Landschaft und Tierwelt einzufangen. Später ging die Fahrt durch die Negev Wüste bis Eilat, wo Tausende von Zugvögeln den südlichsten Ort Israels in nördliche Richtung überquerten oder einen Rastplatz aufsuchten. Auch für ein Kranichprojekt mit der gleichen Organisation und für ein Buch über die Vogelwelt auf Texel hatte ich gemalt.

Aber ich möchte nicht nur auf Probleme in meinen Bildern hinweisen. Mein Anliegen ist es ebenso, die Kostbarkeit und Vielschichtigkeit der Natur erfahrbar zu machen, bin mir aber bewusst, dass es nur gelingt, wenn der Betrachter selbst einen Zugang dazu hat. Gerade Gemälde, welche die Schönheit und Ästhetik der Tierwelt zeigen, können die Sinne des Betrachters für das reichhaltige Angebot in der Natur empfänglich machen.
Ein Bekannter sagte mir einmal, als ich ihm etwas von „meinem" Moor vorschwärmte: „Ich bin gelegentlich im Venn, aber ich seh' da nix. Es ist nur eine weite Fläche". So habe ich es ja vor vielen Jahren auch empfunden. Seitdem bin ich regelmäßig dort, immer wieder an anderen Stellen, immer wieder bei anderen Tagestimmungen im Wechsel der Jahreszeiten. Es gibt aber auch einige Orte, die mich immer wieder von Neuem anziehen. an denen ich längere Zeit stehen bleibe. Je besser ich das Venn kennenlernte, umso mehr entdeckte ich und umso intensiver wollte ich meine Eindrücke festhalten.

Immer wieder sehe ich Radfahrer oder Jogger hastig das Venn durchqueren, ohne nach links oder rechts zu schauen. Laufen oder fahren Sie nicht an den Kostbarkeiten vorbei! Gönnen Sie sich eine kleine Pause und bleiben Sie einmal an einer Stelle stehen, die Sie anspricht. So tun Sie nicht nur etwas für Ihren Körper, sondern auch für Ihre Seele.

Versammeln vor der Arche, Öl/Lw., 60 x 70 cm

Schauen Sie über das Moor, wie sich im Frühjahr morgens hinter einer violetten Wolkenwand am Horizont die Sonne durchschiebt und die Landschaft in kühles Licht taucht, oder wie die Moorfläche bei einer düsteren Wolkendecke mit dunkelgrauen und dunkelgünen Tönen durchsetzt ist, oder wie bei Abendlicht die warmen Töne überwiegen, wie sich an einem stillen Spätherbstabend die Dämmerung über die Landschaft legt und sich der Mond im dunklen Moorwasser spiegelt. Vielleicht haben Sie auch mal das Glück, an einem nebeligen Morgen im Moor zu sein und zu erfahren, wie der Nebel die Konturen verschluckt und vollkommene Stille einkehrt, wenn vielleicht vor Ihnen in den Zweigen ein Vögelchen turnt oder sich eine Libelle auf eine Pflanze setzt. Diese Empfindungen, die das Moor dabei bei Ihnen auslöst, nehmen Sie mit nach Hause. Und vielleicht, nach Wochen oder Monaten, werden Sie feststellen, dass die Magie dieses Ortes eine Sehnsucht weckt, an den Ort immer mal wieder zurückzukehren. Dabei wächst vielleicht auch das Verlangen, etwas für den Schutz der Moore zu tun. Die Moore brauchen unseren Schutz und wir brauchen die Moore, wie Sie es im zweiten Kapitel „Im Moor“ von Katja Pourshirazi erfahren haben.

Wilde Tiere in der Natur zu beobachten und die Erlebnisse mit Bleistift oder Pinsel festzuhalten, mit Licht, Farbe und Komposition zu experimentieren, hat mich ein Leben lang beschäftigt und schon als Kind beglückt. Vielleicht hat meine Mutter unbewusst den Grundstein dafür gelegt: Wenn sie kurz einkaufen ging, ich war zwei/drei Jahre alt, gab sie mir ein Blatt Papier und einen Bleistift in die Hand. Mit ihrer Schürze band sie mich dann an einen Stuhl! Heutzutage wäre das vermutlich eine Angelegenheit für das Jugendamt. Es war kurz nach dem Krieg, mein Vater musste arbeiten und pragmatische Lösungen waren selbstverständlich. Meine Eltern erzählten später, ich sei ein quirliges Kind gewesen – voller Energie und Bewegung. Doch sobald ich Papier und Bleistift in den Händen hatte, konnte ich stundenlang ruhig sitzen und zeichnen. Mich hat alles interessiert, ob es Landschaften waren, Menschen oder Tiere, mit denen wir die Erde teilen.

Seit meiner Entdeckung des Emsdettener Venns und den regelmäßigen Besuchen dort, zieht mich dieses Stück Erde magisch an. Ich bin verliebt in dieses kleine Moor. Die tiefe Verbundenheit und Faszination, die ich dort empfinde, möchte ich mit anderen Menschen teilen und in meinen Gemälden zum Ausdruck bringen.

Zwar ließen sich diese Eindrücke auch fotografisch festhalten, doch folgt die Fotografie einem anderen Verständnis von Wahrheit und besitzt meist einen eher dokumentarischen Charakter. Die Malerei hingegen erlaubt es mir, meine subjektiven Empfindungen, die ich mit meinen Erlebnissen im Moor verbinde, deutlicher und intensiver sichtbar zu machen. Ich verstehe mich als Traditionalist in dem Sinne, dass ich diese Empfindungen künstlerisch verarbeite, indem ich meinen Fokus auf die Wiedergabe der sichtbaren Welt richte. Es ist mir ein inneres Bedürfnis, Begegnungen in der Natur – sei es mit einem Tier oder einer besonderen Landschaft – malerisch festzuhalten und sie dadurch auch für andere erfahrbar zu machen.

Was im Vorübergehen leicht übersehen wird, kann im Gemälde in den Mittelpunkt rücken. Als bewusst gewählter Ausschnitt in einen bildnerischen Zusammenhang gesetzt, erfährt es eine neue Aufmerksamkeit. Aus diesem Grund fühle ich mich unnachgiebig zur realistischen Malerei hingezogen. Es erscheint mir wie eine Berufung, entgegen mancher zeitgenössischer Strömungen, an ihr festzuhalten. Nur so gelingt es mir, nach meinem Empfinden, dem Betrachter die Kostbarkeiten der Natur authentisch und eindrucksvoll vor Augen zu führen.

Am Rande des Bruchwaldes hat mich einmal ein Abschnitt besonders aufmerksam gemacht. Die weißlichen Birkenstämme, mit grauen Rissen durchzogen, an einigen Stellen abgeblättert, sind am Fuß mit einem Moosteppich überwuchert. Trockenes Gras und Blätter bedecken jetzt im Herbst den schwarzbraunen Boden. Alles ist von gelben Blättern an niedrigen Birken- und Faulbaumtrieben durchsetzt. Zwei Birkenstämme liegen quer auf dem Boden und ergänzen das Farbspiel. Durch das Astgewirr führt der Blick auf eine kleine Wasserfläche. Oft bin ich daran vorbeigegangen. Aber an einem Tag tritt ein Sonnenstrahl wie eine Spotbeleuchtung durch das Astgewirr und verwandelt einen kleinen Landschaftsausschnitt am Boden so, dass ich, förmlich gefesselt, stehen bleibe. Diese Stelle übte in diesem Moment eine solche Faszination auf mich aus, dass ich sie am liebsten festhalten, konservieren möchte. Schnell mache ich einige Fotos von dieser Stelle und auf dem Rückweg vom Moor beginnen die Bilder in meinem Kopf Gestalt anzunehmen, dort entwickeln sie sich langsam, und dann beginnt der Prozess, in dem ich mit meinen Sinnen, Fähigkeiten und Grenzen meines Handwerks ringe, um meine Vorstellung dieser Szene in einem Gemälde zu verwirklichen.

Die später am Bildschirm aufgerufenen Fotos sind enttäuschend, sie geben nicht das wieder, was ich gesehen und empfunden habe. Auch die Fülle an Ästen und Strukturen wirkt verwirrend. Das Licht, die Stimmung, die Atmosphäre – all das entzieht sich der Kamera. Eine Fotografie kann nicht alles lösen, daher sind Skizzen und Studien unerlässlich. In einem kleinen Notizbuch habe ich verschiedene Angaben gemacht. Hinweise, die später helfen, mir die Begebenheit mit Hilfe der Fotos in Erinnerung zu rufen. Ich muss nach Lösungen suchen, muss abstrahieren, um dieses Gewirr und die Stimmung im Gemälde umzusetzen. Dann arbeiten auch schon mal Farbzusammenstellungen oder Kompositionen eine halbe Nacht lang im Kopf.

Zurück in der Einsamkeit des Ateliers versuche ich dann, ein Erlebnis auf der Leinwand zunächst in Vorzeichnungen zu rekonstruieren. Hier erfinde ich mein eigenes „Draußen", ein in meiner Vorstellung geschaffenes Land, wobei die Vorstellung gespeist wird aus dem tatsächlich Erlebten. Hier im Atelier lege ich Kompositionen und Stimmungen fest und treffe all die anderen zahlreichen kleinen Entscheidungen, die letztendlich zum fertigen Bild führen. Es geht mir darum, alles Lebendige in gemalten Illusionen von Raum, Atmosphäre und Ort einzufangen. Wenn der erste Farbauftrag, in dem meistens die Komposition schon festgelegt wird, gelingt, stellt sich Euphorie ein. Bei einem der nächsten Schritte kann ein Problem auftauchen, mit dem ich nicht gerechnet habe. Dann folgt ein Kampf um das Gelingen der Vorstellung, die zwar im Kopf ausgereift war, aber deren Umsetzung noch Schwierigkeiten bereitet. Das Bild entwickelt sich in eine andere Richtung und Frustration setzt ein. Wie oft war ich verzweifelt, weil nichts mehr ging. Dann steht ein angefangenes Gemälde manchmal Wochen oder Monate im Atelier und wartet auf den Moment, bis eine Idee oder Eingebung kommt und ich weitermachen kann. Wenn sich dann das Bild soweit entwickelt hat, dass es gelungen erscheint, kann es sein, dass sich ein Hochgefühl einstellt. Dann geht es um die wichtigen „Kleinigkeiten". Eine kleine Verbesserung hier, ein Pinselstrich dort, – bis ich den Eindruck habe: Jetzt ist es fertig!

Ich baue meine Gemälde auf nach dem Motto: „Von der Wirkung zum Detail". So habe ich die Möglichkeit, mich während des Malens auf das Wesen der Dinge und ihrer Beschaffenheit zu konzentrieren und diese für den Betrachter wieder erlebbar zu machen. Der Aufbau eines Gemäldes in mehreren Schichten ermöglicht es mir, nicht nur oberflächlich abzubilden, sondern mich mit der Morphologie der Dinge auseinanderzusetzen. Alles verdient meine Aufmerksamkeit und Anteilnahme. Ich möchte die Sinne des Betrachters für das reichhaltige Angebot in der Natur empfänglich machen. Ich sehe mich als Übersetzer oder Vermittler und gebe dem Betrachter so die Möglichkeit, das Erlebnis auch gefühlsmäßig aus seiner Sicht mitzuerleben.

11.2 Bedrohung und Hoffnung

Aber ich kann mich der heutigen Situation der Bedrohung der Natur durch uns Menschen nicht entziehen. Im Venn ist es in den letzten Jahren ruhig geworden. Ich höre im Frühling nicht mehr die Balzrufe der einst zahlreich hier vorkommenden Kiebitze, sehe kaum noch den rasanten Formationsflug der Uferschnepfen und selbst der melancholische Gesang der Goldammer auf dem Vennweg ist verstummt. Meine „Motive" verschwinden immer mehr.

Milliardensummen werden in die Raumfahrt gesteckt, das Geld fehlt auf der Erde, wo es viel dringender bei der Bekämpfung der Klimafolgen, Krankheiten und Sozialnöte eingesetzt werden könnte. In dem Buch von Prof. Matthias Glaubrecht „Das Ende der Evolution" habe ich einen Absatz gefunden, der uns etwas klar machen sollte:

„Wer sich auf diese Weise per Weltraumabenteuer, und sei es auch vorläufig nur in seiner Fantasie oder per gemeinschaftlich finanzierter Wissenschaft, von dieser Welt verabschieden möchte, der ist auf der Flucht vor der Verantwortung, die wir für unseren Planeten und seine Biota haben – sicher und für alle absehbaren Zeiten den einzigen, den wir haben. Doch während wir mit immer ausgereifteren Instrumenten und Messverfahren nach Leben auf anderen Planeten fahnden und nach Wasser auf anderen Planeten, vernichten wir das Leben auf unserem eigenen, als ob wir noch einen weiteren hätten. Unter Milliardenaufwand suchen wir mittels Weltraumteleskopen nach potenziellen Signalen intelligenten Lebens – ohne wirklich verstanden zu haben, dass eine Evolution anderswo gänzlich anders verlaufen wäre und dass es mithin nichts wirklich Vergleichbares zu unserer Zivilisation und zum Menschen geben kann. Evolution ist einmalig – und wir sind es auch. Es ist unwahrscheinlich genug, dass es uns – Homo sapiens – überhaupt gibt, wenn wir uns der Millionen Jahre glücklich verlaufender Evolution erinnern. Evolution ist der ursächliche Prozess, der zu allen Zeiten die jeweilige biologische Vielfalt, die Biodiversität an Arten und Artengemeinschaften, hervorgebracht hat. (...) Und insofern kommt die Evolution eigentlich auch nie an ein Ende. Wenn wir hier vom Ende der Evolution sprechen und vor ihm warnen, meinen wir, dass die Evolution jener Lebewelt beendet wird, die wir gegenwärtig haben. Das Leben in der Form, wir wir es bisher kennen. Es sollte dabei nur mehr ein schwacher Trost sein, dass die Evolution neue, andere Wege finden wird, wenn sie mit uns fertig ist."

Ist es nicht sonderbar? Die Landwirtschaft, die uns die Artenvielfalt vor langer Zeit quasi geschenkt hat, nimmt sie uns wieder durch die industrielle Intensivierung. Ich weiß, zahlreiche Krisen beschäftigen die Menschen schon genug. Aber es befremdet mich, dass das Artensterben sowohl in der Politik als auch in der Öffentlichkeit kaum Beachtung findet. Dabei betrifft der Biodiversitätsverlust den Menschen unmittelbar. Die Situation ist ernsthaft dramatisch. Wir müssen uns bewusst machen, dass die Biodiversität unsere Existenzgrundlage ist. Wenn wir das nicht ernst nehmen, erodiert uns unsere Lebensgrundlage. Verursacher des Artenrückgangs ist vor allem weltweit die industrielle Landwirtschaft. Allerdings verfügt die Landwirtschaft über eine starke Lobby, das zeigt die fehlgeleitete EU-Agrarpolitik seit Jahrzehnten. Die gesellschaftliche und politische Ignoranz wollte ich nicht hinnehmen und so entschloss ich mich 2022, das Buch „Time over" zum Thema Biodiversitätsverlust im Tecklenborg Verlag herauszugeben. Sechzig Personen aus Wissenschaft, Naturschutz, Kunst und Fotografie haben mit ihren Beiträgen Zugänge zu diesem Thema honorarfrei hergestellt. Sie erläutern die Gründe und Folgen des Verlusts der Vielfalt in Feld und Flur, rütteln auf und schaffen emotionale Zugänge zu den faszinierenden Tieren und Pflanzen unserer Kulturlandschaft. Für das dauerhafte Überleben der Menschheit ist es unverzichtbar, Land zukunftsfähig zu bewirtschaften und dabei Biodiversität zu fördern.

Nachkommende Generationen haben große Teile der Tierwelt nie kennengelernt. Sie haben jetzt etwas anderes: An die Stelle des eigenen Erlebens ist vielfach das Smartphone getreten. Die Welt in einem kleinen Kasten!

Gerade das macht mir Sorgen, weil der unmittelbare Kontakt zur Natur verloren geht. Dennoch macht eine „Verordnung zur Wiederherstellung der Natur" Hoffnung, wenn diese Vorgabe durchgesetzt wird: Das Nature Restoration Law (NRL). Es steht nun erstmals ein Instrument bereit, das die Mitgliedstaaten der EU dazu verpflichtet, geschädigte Ökosysteme wieder in einen guten Zustand zu bringen, den Verlust der Artenvielfalt aufzuhalten und darüber hinaus eine Trendumkehr zu erreichen. Das Gesetz trat am 18. August 2024 in Kraft und zielt darauf ab, bis 2030 mindestens 20 % der Land- und Meeresflächen in den EU-Mitgliedstaaten wiederherzustellen und die Lebensräume zu verbessern. Die Mitgliedstaaten müssen bis 2026 nationale Wiederherstellungspläne vorlegen.

Auch Gruppen von Menschen kämpfen gegen den Verlust der Artenvielfalt an, wie beispielsweise die Biologische Station ABU mit Maßnahmen in der Hellwegbörde, Naturschutz in der Agrarlandschaft – „Das summende Rheinland", das Interreg-Programm des von der Europäischen Union geförderten Projekts PARTRIDGE, die Stiftung für Umwelt, Bildung und Nachhaltigkeit „NatureLife-International" mit der Präsidentin Prof. Dr. Carolyn Hutter, Projekte der Heinz Sielmann Stiftung, zum Beispiel Sielmanns Naturlandschaften & Naturerlebnis in der Döberitzer Heide mit Dr. Hannes Petrischak, die Umweltstiftung Michael Otto mit verschiedenen Projekten, wie F.R.A.N.Z und toMOORow, die NRW Stiftung, die Stöckmann Stiftung NRW mit einem Feldlerchenprojekt und viele mehr.

Daher gebe ich die Hoffnung nicht auf, dass der Menschheit bewusst wird, was auf dem Spiel steht. Die Politik muss jetzt handeln und konkrete politische Maßnahmen für den Schutz und die Wiederherstellung der Natur umsetzen. Viel Zeit bleibt dafür allerdings nicht mehr.

Ein Moment der Zuversicht, Öl/Platte, 50 x 60 cm

12 Quellenangaben

Kap. 2 **Im Moor**
1. Fritz Overbeck. Brief aus Worpswede, 1895, in: Fritz und Hermine Overbeck – Ein Worpsweder Künstlerpaar, Katalog des Landesmuseums für Kunst und Kulturgeschichte Oldenburg, Hrsg. Bernd Küster, Oldenburg 2002, S. 138

2. Rainer Maria Rilke: Worpswede, 1903, zitiert nach der Insel-Taschenbuch- ausgabe von 1987, S. 35 f.

3. Anni Proulx: Moorland. Verlag Luchterhand. 2022, S. 20, 33, 80 und 117

4. Franziska Tanneberger: Das Moor. Dtv-Verlag. Über eine faszinierende Welt zwischen Wasser und Land und warum sie für unser Klima wichtig ist, 2023, S. 61, 81, S. 97, S. 99, S. 150f und S. 207

Kap. 3 **Artenvielfalt**
1. Schulze-Hagen: Allmenden und ihr Vogelreichtum, „Charadrius" 40/2004

2. Schulze-Hagen: Das shifting-baseline-Syndrom und die „wilden Weiden", Naturnahe Beweidung und NATURA 2000, S. 36f.

Kap. 11 **Besorgnis über den gegenwärtigen Zustand in der Natur**
1. Claus Rabba: „Bernd Pöppelmann". Neumann-Neudamm Verlag 2010,
Robin d'Arcy Shillcock. Kapitel: Realismus, Gefühl und Vorstellungskraft, S. 23 und 24
Claus Rabba. Kapitel: Ein Engagement für die Natur, S. 27 f.

2. Matthias Glaubrecht. „Das Ende der Evolution". C. Bertelsmann. 2019, S. 904 f.

Dieses Buch konnte nur durch die Mitwirkung einiger Personen verwirklicht werden. Ein großer Dank geht an die beteiligten Autoren, die ihren Beitrag honorarfrei erstellt haben: Dr. Hannes Petrischak von der Heinz Sielmann Stiftung für das Vorwort, Cornelia Pontow, Friedel Hesseling und Dr. Peter Schwartze für ihre Beiträge. Barbara Tillmann, Bernd Breulmann, Ludwig Klasing und Karl Riddering für die Interviews und für erste Fehlersuche und Tipps während des Schreibens: Hermann Knüwer, Robin d'Arcy Shillcock und Claus Rabba. Für das Lektorat danke ich Rainer Nix. Wieder einmal danke ich Johannes Judith und Stefanie Nau für die Umsetzung des Buches, sowie dem Tecklenborg Verlag für die Herstellung und das Verlegen.
Ein ganz besonderer Dank gilt Jörg Emmanuel sowie allen weiteren Sponsoren für ihre wertvolle Unterstützung.

Sponsoren:

TECE

JUDITH
KOMMUNIKATIONSDESIGN

SBS
HEIZKESSEL

KUNSTSTOFFE
BWH - Bücker

DWL
Döcker und Partner mbB

re
bax

Possemeyer
BedachungsGmbH

ibo
• vermitteln
• vermieten
• verwalten
Immobilien

Buchtipp:

Bernd Pöppelmann (Hrsg.),
60 Autor*innen, Wissenschaftler*innen,
Kunstschaffende und Fotografierende

Time Over
Verlorene Biodiversität
in Feld und Flur

204 S., zahlr. Zeichnungen und Abb.,
Geb., 19 x 25 cm
ISBN: 978-3-949076-21-3
€ 28,50

9 783949 076213

Bernd Pöppelmann

Foto: Annette Isfort

Bernd Pöppelmann (geb. 1946) ist ein international renommierter Maler. Seine realistischen Darstellungen von wilden Tieren finden sich in privaten Sammlungen, Galerien, Museen und Königshäusern weltweit. Im Rahmen nationaler und internationaler Ausstellungen wurde er mehrfach ausgezeichnet. Natur scheint in seinen Bildern lebendig zu werden. Die weltberühmte Schimpansenforscherin und UN-Friedensbotschafterin Dr. Jane Goodall formulierte 2009: „An seinen Gemälden kann man sein Verständnis und seinen Respekt für die Tiere sowie die Faszination für die wunderbare Komplexität und Diversität der natürlichen Welt erkennen".